菊乃井本店のしつらえ

上・　一歩玄関を入ると日常を忘れさせてくれる静謐な空間が広がる。各個室は部屋ごとに趣の異なるしつらえとなり、季節や催しに合わせた掛け軸や生け花が飾られる。写真の部屋からは、季節ごとに変わる絵画のように美しい庭園が眺められる。

左下・広間の棚に置かれた尾形光琳作の文箱。国宝級の逸品が身近に見られる。

右下・廊下にさりげなく置かれた螺鈿細工の見事な李朝箪笥。香炉も合わせて李朝青磁が選ばれ、気品と調和のあるたたずまいとなっている。

左上・玄関で出迎えてくれるのは、日本古来の行事や季節を象徴するしつらえ。写真は五月の端午の節句にちなんだ檜兜《ひのきかぶと》で、弓矢や粽《ちまき》なども供えられる。

右上・三代にわたり書画骨董を好んだ主人より受け継がれてきた名品の中でも特に素晴らしいのが、広間の伊藤若冲の掛け軸。躍動感にあふれた鯉が描かれた対の秀作。

下・　木肌が美しい清々しく広々とした空間。夏には瑞々しい緑の庭が眺められる。季節のうつろいを感じつつ、旬の最高の素材を活かした懐石料理がいただける。

春夏のお料理

蛍籠の内に盛られた初夏の八寸(前菜)。籠を取ると、鮮やかな川海老、蛸《たこ》の子、若狭ぐじ胡瓜巻きなど、ひとつひとつ手間をかけて作られた山海の珍味が美しく並び、お酒も進む。

左上・生雲丹《なまうに》豆腐。雲丹のとろっとした味わいと、豆乳仕立ての柔らかい豆腐の舌触りが口の中で溶け合う。七月の雲丹は特にフレッシュで甘く、磯の香りがする。

右上・向付（造り）の明石鯛、縞あじ。明石の鯛は、前日に特別な方法で締められ、一晩おいて絶妙のタイミングで見事な片刃の包丁さばきを施され、艶やかな一品となる。

左下・蓴菜鍋《じゅんさいなべ》。冷たくさっぱり食べがちな蓴菜をあえて温かい鍋仕立てにして鱧《はも》と合わせる。鱧と蓴菜の食感の違いや出汁との調和が楽しめる逸品。

右下・鮎塩焼き。鮎の味は内臓の味が決め手。菊乃井本店では琵琶湖に注ぐ安曇川《あどがわ》の小鮎にこだわる。炭火で皮がパリッとするまで焼くと香ばしく、苦みが甘みに変わる。

左上・柿なます。くりぬいた柿の器に、赤い色が鮮やかな金時人参と大根と柿の実を合わせ、塩と土佐酢でさっぱり仕上げた一品。コースの半ばに出され、口直しにもなる。

右上・豊年椀《ほうねんわん》。鱧に煎り米をまぶして米俵に見立て、新米の季節に豊作を祝うお椀。松茸と三日月の卵豆腐を合わせて秋らしさを演出している。

左下・師走の八寸。竹垣の間から見えた山茶花のイメージがもとになった前菜。竹垣のような器にサーモンの椿寿司、小川からすみ、辛子蓮根、助子など珍味が並ぶ。

右下・魳《かます》の杉板焼き。秋に脂がのった魳を味噌幽庵地につけ椎茸をのせて杉板で挟んで焼き上げる。香ばしい香りで、杉板の端が熾火のように燃えた演出も見事。

秋冬のお料理

写真上は、霜月の八寸、「玄猪趣向《げんちょしゅこう》」。古来、十一月を「玄猪」といい、無病息災を祈って玄《い》の子餅を食べる習慣があり、奉書で御餅を包む。ここでは紅葉烏賊《もみじいか》、からすみ、割山椒柚子釜盛りなどの珍味を奉書の中に入れ水引で結び、食べるときにとく。

菊乃井 無碍山房(サロン・ド・ムゲ)

より多くの方に本物の和食を気軽に味わってもらいたい、そんな想いを込めて本店近くに2017年にオープンしたカフェ。一番のお勧めは季節ごとに変わるお弁当で、ゴマ豆腐のほか、煮物や焼き物などの盛り合わせ、さらに鯛ご飯やお椀などがついて、とてもリーズナブルに本格的和食が楽しめる。さらに季節変わりのパフェは、中にもたくさんの果物が入っていて嬉しい驚き! 定番の人気メニューは抹茶のパフェと、注文してから練られるフレッシュなわらび餅。モダンな数寄屋造りの部屋からは美しい苔の庭が眺められ、至福のひとときが過ごせる。

ほんまに「おいしい」って何やろ？

前略

何かを口に入れてウーンと目をつむり、やおら「うまーい！」とか、一口も食べていないうちにやたら「おいしい！」とか叫ぶタレントさんの映像を毎日見せられているうちに、私たちの感覚はおかしくなったのかもしれませんね。

食事中に「やばい！」というのも、初めて聞いたときは「何か悪いものでも入ってたんか？」とびっくりしたんですが、これも今や立派な「おいしい」の表現のひとつやそうです。

でもね、「おいしいもの」がそんなにあるわけがない。

一瞬で「うまっ！」とか「やばっ！」というものに毎日出会えるわけがない。

私は、そう思います。ほんまにそれ、おいしいのかいな……。

おふくろの味も、ふるさとの味も、ソウルフード、美味、佳味、滋味、絶品料理もあるでしょうし、命をつなぐ大切な食べ物もある。

「忘れられない一品」とか「死ぬ前にこれは食べたい」とかいうものもあるでしょう。

「究極の逸品」は知らんけど、「これ、うまいなあ」というものは、確かにありますよ。

おいしいもの、うまいものは、いろいろある。

そして、「おいしい」は、ハッピーな、ほんまにありがたい感覚です。

ただ、このところの日本は「おいしい！」の言い過ぎやないか、「おいしい」の大安売りやないか。

それでは「おいしい」のありがたみが薄れてしまうのと違うか、ということです。

ここが、肝心なところです。

私のプロの料理人としての半生も、五〇年以上の歳月を重ねることとなりました。

その歩みの時間の長さと紆余曲折《うよきょくせつ》ぶりに自分自身驚きながら、少しは皆さんに喜んでもらえる仕事ができたかな、などと寝る前にちょこっと自負したりしています。

でも、そうした私が、ほんまに「おいしいもの」「うまいもの」って何やろと未《いま》だに思い、未だにその答えを追い求めているわけです。

人によっても、状況によっても、「おいしい」は、違う。

たとえば、こういう話があります。

山に登って、景色のいいところで食べるおにぎりは絶品や。

潮風に吹かれながらかぶりついたイカ焼きは忘れられん。

これは、どこで、どんな状況で食べたのか、ということ。あるいは、誰と食べたか。好きな人と食べたのなら最高やけど、嫌な奴《やつ》と一緒やったら会話も弾《はず》まんし、何食べたかも覚えてない。

こういう経験はどなたにもあることやと思います。

また、こんな話もあります。病気で長いこと入院してはった八〇過ぎのおじいさんが久しぶりに「菊乃井」にいらっしゃって、庭には早春の梅が咲いている。部屋にはほのかに梅の香り。そこにふきのとうの一皿が運ばれてきた。ふきのとうをさっと油で揚げて、ちょっと味噌をかけてあるだけ。そしてひとときを過ごした後、その方は「値千金や……」とおっしゃった。

生きていてよかった。また春を迎えられてよかった。

そういう感慨にふきのとうの苦みと梅の香が相まっての万感が、「値千金や……」になったのでしょう。

ありがたい話です。

これは、先の「うまーい！」とか「やばっ！」を数千倍超えた、「おいしい」についてのひと言やないでしょうか。

私自身、若い頃と七〇代の今では「おいしい」が違う。

他方、いろいろ違う「おいしい」「うまい」があってこその「食文化やないか」という見方もあるわな、と思っています。
子供の頃のソフトクリームの「とろけるような美味」は今も忘れられないし、この頃の木の芽味噌の「季節感あふれる滋味」もたまらん。どっちも「おいしい」話です。
そうした中で、万人に「おいしい」と評価される料理、食べ物を作ることがいかに難しいかを料理人として改めて実感している今日この頃でもあります。

ただ、そういう状況だからこそ今きちんと押さえておきたいのは、何でもかんでも、あれもこれも、見境いなしに「うまい」とか「おいしい」言うたらあかんのと違うか、そんなことしてたら、何が何やらようわからんようになるのと違うか、ということ。
大げさに言えば、日本人が哲学的に、美学的に、「阿呆《あほう》になる」のと違うか、ということ。

そうならんように、「おいしい」の漂流人にならんように、これからいくつか肝心なことを言いますので、よくお聞きくださいね。

草々

目次

第二章　料亭、料理屋、料理人って何や？――43

第五章

「和食」は、無形文化遺産にふさわしい―― 137

構成　谷村鯛夢
編集　加藤真理
撮影　畑中勝如（カバー、口絵P1〜3、8、
各章扉（第一章、第二章、第七章、第八章））
写真提供　久間昌史（口絵P4〜7、料理写真）
ブックデザイン　鈴木成一デザイン室

第一章

広島サミットでお好み焼きをやりました

突然、広島サミットのオファーが来た

二〇一三年一二月四日に「和食」がユネスコの「無形文化遺産」に登録されてはや一〇年以上の歳月がたってしまいました。「十年一昔」という慣用句もありますが、それ以上に、この一〇年での「世界における日本料理の地位」の変化は、まさに隔世の感がある、と言ってもいいでしょう。

一方で、登録名がなぜ「日本料理」とか「京料理」といった呼称ではないのか、なぜ「和食」なのかという話もありますが、それはまあのちほどに、ということにしておきましょう。

ともあれ、私達の食文化は「和食」という名前で世界のスタンダードになりました。そして、「うまみ」や「出汁《だし》」をはじめとして、日本特有の食文化がいまや世界の料理界に大きな影響を与えています。

そうしたなかで、「和食」と「国際社会」が接触する、今日ただいまの現場のリアルということでは、私が担当した二〇二三年五月の「広島サミット」での料理、食事

の話などは、けっこうおもしろいトピックスになるのではないかと思います。

また、視点を変えれば、アメリカ大統領はじめ国際社会をリードする先進諸国首脳が一堂に会する「G7サミット（主要国首脳会議）」、それが日本で開催される時に出された食事、料理とはどういうものか、ということのちょっと珍しいレポートにもなるのではないでしょうか。

これまで私のキャリアのなかで、アフリカ開発会議とかASEAN（東南アジア諸国連合）会議といった大きな国際会議の晩餐《ばんさん》会を担当させていただきました。首相官邸でのVIPを招いての会食ということでは、安倍晋三さんが総理の時にときどき官邸に呼ばれて料理を作りに行ったものです。

うちの「赤坂菊乃井」の近くに官邸があるので、いや、官邸の近くにうちの店があったので、と言うべきかもしれませんが、「安倍さん、呼んでるらしいから行ってくるわ」とか言いながら気楽に出かけたことを思い出します。

そうした私と「菊乃井」のスタッフに、二〇二三年五月一九日から三日間、広島で開かれる「G7サミット」の料理に関わらないか、というオファーが来たのがその年の春。サミットに参加する各国首脳のワーキング・ランチとワーキング・ディナーを、という内容でした。

正直な話、「広島サミット」の件はけっこう急なオファーで、勘ぐれば「どっかにドタキャンされたんとちゃうか」というようなタイミング。店の者と「多分、そんなことやで」と言いながら笑《わろ》うてました。

まるでオペラの「引っ越し公演」のような

日本での前回（二〇一六年）のサミット、いわゆる「伊勢志摩サミット」の時のワーキング・ディナーは志摩観光ホテル総料理長の樋口宏江《ひぐちひろえ》さんが担当されました。女性の総料理長ということでも話題になった樋口さんです。

何か、この時の段取りとしては私とフレンチの三國清三《みくにきよみ》さんとでやるということになっていたのが、やっぱり開催地の三重県の料理人がよろしかろうということで樋口さんになったというような経緯が巷《ちまた》で語られているようです。それも、よくわかる話ではありますし、こちらは「あー、そうですか」というだけの話。

ですから、二〇二三年の広島サミットの料理も広島の人が担当するんやろうということで、うちにオファーが来るとは思っていませんでした。何しろホスト役の岸田文雄首相が広島県出身の人ですから、まあ、広島の料理人でやるやろな、というのは普通によくある話です。

ただ、実際はこれが逆の話になった。サミットの開催地は広島であるけれど、これは日本国として開催するのだから広島ばかりに「案件」が偏らないように、という指示が総理からあった……。そこから、急ではあるけれど、うちに、ということになったようで、それはそれでまっとうな話やな、と思った次第です。

まあ、気配りの人と言われる総理の判断としては、しごく当たり前の「指示」だったんでしょうね。

さて、そうなると、この時点では「文化功労者」の称号を持つ料理人は私だけですし、あの『ミシュランガイド京都・大阪』が始まって以来一五年間、「菊乃井本店」はずうっと三つ星でしたから、そんなことから「村田のところでよいのとちゃうか」という流れ、「落としどころ」になったんやないかと忖度《そんたく》したわけです。

ソムリエは田崎真也《たさきしんや》さん。彼とはお互い二〇代の頃からの付き合いになります。

お料理を提供する規模を想定しても、先に紹介したASEAN会議で四〇人弱、アフリカ開発会議の場合だと一二〇人くらい。うちのスタッフは、それくらいの人数の料理に対応するのは慣れています。

ただ、広島サミットの場合、料理対応だけではなくて「箸置き」から「おしぼり入れ」まで、あれもこれも全部持ってこいという指示でした。

これじゃあオペラの「引っ越し公演」みたいなもんやなあ、とか何とか言いながら、段ボール箱で三〇個ほどの荷物を広島の会場に送ったんですが、その後、さらに「仲居さんも寄こしてくれ」という要請。

「仲居さんも」言うて、今度のサミットはどんなシステムでどんなふうにやるんやろうな、と思っていたら、食事時のサービスについては担当者をサミットの参加者一人に対して二人付けるから、「菊乃井」の仲居さんは「お運び」なんかしなくていい、そばに立っててもらうだけでいい、とのこと。

「えーっ、なんや、それ。立ってるだけかいな！」

バタバタのなか、そんなことで笑い合いながらも、私のなかには「岸田さんは、仲居さんがいるという食事の景色も日本の食文化、食事のスタイルなんだとアピールするつもりかな」という思いも浮かんでいました。

そして、世界をリードするＧ７の首脳の方々に、どういう「和食」「日本料理」を楽しんでもらおうか、という構想が頭のなかに急速に広がっていく、わくわくするような感覚が生まれてきました。何よりも、こういう時が一番楽しいんですわ。

「広島行きも、また一万五〇〇〇円かいな」

サミットやらG7やら言うても、実際は首脳七人でことが運ぶわけではありません。G7の大統領、首相の他に、国連のえらいさんとか、EUの議長はんやら、そういったVIPが何人も来ています。

加えて、そういう全てのVIPに一人ずつ「シェルパ」と呼ばれる担当官が付く。シェルパとはもともと、ヒマラヤ地方に住むチベット系の人々のことで、ヒマラヤ登山のサポーターとして知られていますが、サミットではこの会合を山頂（サミット）にたとえて、各首脳の代理として会議の準備をする方々をサポーターと呼んでいますが、日本では外務審議官をはじめとする官僚の方々が担当するとのこと。さらに、控えの間にはそのシェルパの人達と同じ人数の代替要員が待機しているといった、万全の態勢。

ですから、VIPとそのシェルパ、及び代替要員合わせて三十数名分の料理を私達が担当することになるわけですが、外務省の担当者は、その三十数名の一人ひとりに「好き嫌い」がある、と、こう言うてきた。

これが広島サミットについてのオファーの基本線です。

ちょっと考えてみても「えらい手間」。ひるがえって、その対価といえば、私のこれまでの経験によれば、シェフも一番若いスタッフも関係なく「日当、一人一万五〇〇〇円」なり。今度もまた「一人一万五〇〇〇円」かいな。外務省さん、もう少し何とかなりまへんか、という現実もあります。

安倍元首相の東ヨーロッパ訪問の時、訪問先で日本料理を紹介するというので随行して回ったことがあります。日当は、飛行機が飛んだその日から付くのですが、これが「一人一万五〇〇〇円」。もちろん、私もその「一人」のうちですけど。

ヨーロッパでもどこでも、こういう海外出張は非常にきつい。旅行やありません。出張です。ですから、訪問先に着いても街に出ることはない。観光なんか一切なし。

まあ、公費の出張で観光したら、どこかの政党の女性視察団の「エッフェル塔」問題みたいになりかねません。あの党の女性議員の皆さんは、喜んで自分達で撮った写真をSNSに上げたようですから、そういう意識が薄かったのかもしれませんけど。

私らは、もし観光している写真がインスタなどに上げられたら「こいつら、国費使うて何しとんねん！」と批判される、そういうことはいつも考えてました。そうした時に、「いやいや、一人一万五〇〇〇円しかもろてまへんで」と言うても理屈にならん、通用せんということはよくわかってます。

ですから、訪問先でもホテルからホテルへ移動するだけ。「せっかくこの街に来たんやから、おいしいレストランへ行きたいな」言うてもダメ。決められたところで、決められたものしか食べられない。これがまた、まずい。参ったなあ、ということが多々ありました。

そういうわけで、「国内ですけど、広島行きもまた一万五〇〇〇円ですか」と尋ねたら、外務省の答えは「今度のサミットは、予算がない」。

ええーっ、それって何ですか、です。

重ねて訊《き》くと、外務省は「いざ」という時に使える予算があって、今回はそこから出すとのこと。それを聞いて私らは「コロナの雇用調整助成金ちゃうか」言うて笑うてました。

私らの飲食業も随分とお世話になった「コロナの雇用調整助成金」ですが、まさか外務省さんがね、という冗談ですけどね。

G7の首脳の皆さんと握手した

こういった段取りがあって、外務省の担当者から「各首脳の好き嫌い一覧表（シェルパも含む）」が届きました。ベジタリアンとかへの対応はもう慣れてますけど、「肉は食べるけど魚は食べない」とかその逆とか、炭水化物は一切不要とか、もう、ほんとに各人各様。

VIPは別として、こんなもの、シェルパの人にまで訊く必要あるの？　シェルパの人、食べられないものがあったら残しておいてくれたらええのんちゃう。そんな感じで「一覧表」を受け取ったことを思い出します。

実際、この「好き嫌い一覧表」への対応はけっこう大変でした。

たとえば、私らが親しみを込めて「イタリアのおばちゃん」と呼んでいた女性VIP。肥満気味だったからかもしれませんが、「炭水化物は一切無用」。「特に、パスタはNG」。これ、イタリア本国の皆さんに知られたら大炎上ちゃうかっていう話でしょう。

まあ、なんやかんや言いながら、G7首脳の方々には大いに喜んでいただけたようです。たとえば、カナダ首相のジャスティン・トルドーさんは食事の後、「シェフを呼んでくれ」とおっしゃった。シェフって、もちろん私のことですから、そうですかというわけで出向くと、トルドーさんがわざわざ立って待っててくれはった。そして、「ありがとう!」と言わはった。直接、感謝の言葉をいただいた。これはうれしかったですね。

そして、トルドーさんと握手していると、トルドーさんは「村田さん、皆さんも喜んでいますからご挨拶されたらいかがですか」とおっしゃって、その場にいた他のG7首脳の皆さんに私を紹介してくれはったんですわ。

私もそのお気持ちをありがたくいただいて、G7の各国首脳の皆さんのところを回って挨拶して、お一人おひとりと握手をさせてもらいました。来賓六か国の首脳の皆さんと握手するやなんて、一生のうちにあることやないですから。

でも岸田さんとは挨拶だけで、握手はしませんでした。自分の国の首相と握手するというのは、なんか変なような気がしたものですから。

そういうことがあったからではありませんが、トルドーさんは本当にいい人だと思います。原爆資料館にもVIPのなかで一番先に行ってくれました。背も高いし、かっこうもいい。他の首脳陣にはない華がありました。

仲居さんも含めての「京料理」

先に、広島サミットについては、料理を作るだけなく、「菊乃井」の食器や什器《じゅうき》、仲居さんまで持ってこいというオファーだったことを紹介しました。そして、その時「仲居さんまで?」と思いながら、「岸田さんは、食器はもちろん、日本の料亭の〝仲居さんのいる食事風景〟まで含めて日本の食文化として各国首脳に披露したいのではないか」とも思ったという話もさせてもらいました。

今回のオファーに関して、私がそのような感慨を持ったのには、それなりの理由があります。「仲居さんも含めての京料理、料亭料理である」というのが、私の基本的な考え方だからです。

「京料理」は、二〇二二年一一月に国の「登録無形文化財」に登録されました。この時に発信された京都府のホームページには次のようなことが書かれています。

「自然を敬い、ありのままを受け入れながら、もてなしの心、美に対する高い精神性の中で育まれてきた『京料理』。京都の料理人により継承されてきた伝統的な食文化を料理技法とともに4ヶ国語（日本語、英語、スペイン語、中国語）の映像でご紹介します」

「京料理は、京都の地で育まれてきた調理・しつらい・接遇・食を通じた『京都らしさ』の表現で、その技の担い手は、総合コーディネーター（主人）、料理人、女将《おかみ》・仲居の三者です。主人は献立の作成やしつらいなどサービス全体を統括して客をもてなし、料理人は京料理に特有の食材・技術も交え調理を行い、女将・仲居は接遇を通じて文化的意味を客に提供しています。京料理は、日本の生活文化に係る歴史上の意義と芸術上の高い意識を有する、食文化の代表です」

お役人の発信ですから、「接遇」やら、えらく難《むつか》し気《げ》な文言もありますが、平たく言えばそれも「おもてなし」ということなんでしょう。そして、保持団体として登録されたのはたしかに「京料理技術保存会」やけれども、実際の京料理の現場は料理技術を持った調理人だけやなくて、総合コーディネーターとしての主人、おもてなしの担い手としての女将や仲居さんがいて、はじめて成り立っていることを改めてアピールしています。

この「登録無形文化財」登録の際には、私もいささか関わらせてもらいました。

味覚は「いい加減」な感覚やから

私は「京料理」が「登録無形文化財」になる時に、こういうことを言いました。

「料理三割、サービス三割、あとの四割は空気」

空気は、雰囲気と言ってもいいかもしれません。料亭なら料亭の建物、部屋、庭、置物、絵画、書、そして人物まで含めた「雰囲気（空気）」。つまり、この雰囲気とサービス、もてなしで七〇点は取れる。

すると、あとの三〇点は料理ということになるけれど、先の七〇点が支えてくれれば、その料理がたとえ一〇点であったとしても、八〇点、まあ「食事を楽しむ」ということについての合格点には届くだろうということです。

いくら料理が良くても、仲居さんのサービスが悪い、立ち居振る舞いも優雅とは程遠い、なんや畳もまっ黄色やし、ところどころささくれだってる、というようなところで食べる料理はどんなもんでしょう。

もっとわかりやすい話では、食器も「雰囲気」のうちに入ります。出てきた料理がどんなに上出来でも、それを入れてある椀《わん》、それを盛ってある皿が貧相なものやったら、いくら料理そのものの美味を味わえ言うても、それは無理でしょう。

皆さん驚くかもしれませんが、実は、「おいしい」という感覚、人間の味覚というものは、いわゆる「五感」のなかで一番鈍感なんです。

いや、逆に言えば、味覚が非常に敏感な、研ぎ澄まされた感覚であったならば、人類はここまで生き延びてこなかった、生き物として存続し得なかったのではないか、ということ。

つまり、「味覚」という感覚が「いい加減なもの」やったからこそ、人間はここまで生きてこられたというわけです。

個々の人間のことを考えてみましょうか。

多分、味覚の鋭敏過ぎる人は早死にしてます。何しろ、敏感過ぎて食べられるものが少ない。一方、当然ですが、鈍感過ぎる人も、早いうちに死にます。体に毒なもの、腐ったものがわからないような鈍感さでは、そりゃそうよ、です。

ですから、味覚に敏感な人が死に、同じように鈍感な人も死に、味覚が「そこそこ」の人、「いい加減」な味覚の持ち主、そういう人だけが生き残ってきた。それがこの世の中やないかと思うんです。

もっと言えば、ちょっと腐りかけたような肉でも火を通したら少々臭いけど食べられるわ、皆でワーワー言いながら楽しく食べればけっこういけるわ、というような人しか生き残ってこなかった。これが現実です。

「おいしい」は、味覚だけで言うものではない、ということです。

そういう意味で、調理とサービスは非常に重要かつ密接な関係にあるものだと思っています。そして、調理、料理、雰囲気、サービス、そういう「味覚」「美味」に関わる総合力がこの世に現れた世界が「料亭」であり、「料亭文化」というものやないかと、私は考えています。

京都の料亭は町衆と共にある

「美味」に関わる総合力が現れた世界としての「料亭」、そういう意味で「料亭」が残っているのは、いまの日本では京都が最後の砦《とりで》かもしれません。

東京などで「料亭」と言えば、一客一〇万円ほどの金額で、主な客が政治家などで、秘密の部屋で裏金のやりとりをしたり「悪だくみ」をしたりする、例の「越後屋、お主《ぬし》もワルよのう」の世界。そんなイメージで受け止められているのではないでしょうか。

それと、これは意外と思われるかもしれませんが、京都では私らのことを「料亭」とか言う人はあんまりいないと思います。まあ、大体「料理屋はん」と呼ばれることが多い。「料亭」て、「亭」が付いたら最低でも五〇〇坪はないとあかんやろ、という話です。

ただ、「いわゆる料亭」として話を進めるとすれば、料亭が現存していて、普通の市民生活のなかにある、というのはたしかに京都だけでしょうね。

昔は、「料亭」などというところは普通の人が行く場所と違う、大名とか華族とか高僧とか、そういう世の中のトップレベルの人々しか使えないような「特別な場所」でした。そういう感じを東京はまだ守ってはるのやと思いますわ。

これが京都の場合、「最初に料理屋はんに行ったんは、お宮参りの時に、おばあちゃんに抱かれて、かなあ」というケースが一番多い。

それから、お昼の会食やったら亡くなったおじいちゃんの法事とか、婚約の両家顔合わせとか、結納とか、七五三とか、そういう時に「ほな、菊乃井さん、予約しとくわ」ということになる。

そんな具合に、一人の人が年齢を重ねながら、年中、なんやかんやでずうーっと料理屋を使う。私らからすれば、使うてくれはる。

ですから、料亭やら料理屋やら言うても何も特別なことやない。ということは、私らの方も町衆と共にあるべきや、そう思うてます。そして、町衆と共にあろうと思えば、考えなければならんことも当然あるわけです。

たとえば、東京の銀座で普通に鮨《すし》を食べて五万円とか七万円とか、そういうお店もある。しかし、京都の料亭で一人五万円もするところはない。「一人五万円です」言うた時点で、普通の人が来なくなります。

普通の人が普通に働いて、ときどきちょっと気張って、「おばあちゃんの米寿の祝いやから、きょうだい皆でお金出しておばあちゃん連れていってあげよか」というところが京都の料理屋、皆さんから料亭と言われているところです。

こんなふうに町衆と一緒にあるからこそ家業が何十代も続くわけで、そうでなかったら、とうの昔になくなっていると思いますわ。

こういう料亭がまだ残ってるのは、京都の他では「角正《かくしょう》」さんとか二軒ほどやっている飛騨《ひだ》の高山ぐらいやないでしょうか。そして、実はそういうお店も、皆さん、京都で修業されている。「瓢亭《ひょうてい》」さんのようなところで修業して腕を磨いている。ですから、高山であっても言わば京都流で、「一人五万円」のような無茶はしないんですね。

まあ、こういうのが、私の考える「京都の料亭の食文化」というわけですが、そのことをこの広島サミットの時の岸田さんがわかっておられたかどうかは、知りません。

世界の料理界のテーマは、味噌、醤油、麴菌

ともあれ、話題は世界の先進国サミット「G7」ですから、「和食」「京料理」の話だけでなく、現在の「世界の食文化」「食文化の世界標準」にも触れておきましょう。

いま、世界では「発酵《はっこう》」が一番のテーマになっています。先だってもフランスに行って、向こうの三つ星レストランとの情報交換会をやってきました。彼らが私達に教えてほしいと思っているのは「発酵の技術」です。

ご存じのように、「発酵」の大前提は「麴菌《こうじきん》」ですが、この「麴菌」というのは、言ってみれば日本の「土着菌」。この菌がめちゃくちゃ賢い菌で、これさえあれば味噌でも醤油でも何でもできる。

一方、ヨーロッパなどにはもともと「麴菌」がない。ですから、「発酵の技術」を手に入れたいという彼らの思いは切実です。

たとえば、皆さんご存じのデンマーク・コペンハーゲンの「ノーマ(noma)」、世界一のレストランと言われたところですが、そこのシェフで二一世紀の料理界に衝撃

を与え続けたと言われたレネ・レゼピという料理人がいます。このレネなども、「菊乃井」でスタデイしていた一人ですが、彼は「シャンピニオンの醤油」のようなものを使って味噌を作っています。

ただ、基本的に、シャンピニオン、つまりマッシュルーム、つまり茸《きのこ》で作ったそれは「醤油」とは言えない。あくまで、「のようなもの」。イタリアに「ガルム」と呼ばれる魚醤がありますから、「シャンピニオンのガルム」と呼ぶのが一番適切かもしれません。

また、向こうのレンズ豆で作った味噌などはかなり前から存在していますし、フランス・マントンにある三つ星レストラン「ミラズール（Mirazur）」のシェフで、いま、フレンチではナンバーワンとも言われているマウロ・コラグレコなどは、なかなかおもしろい挑戦をしています。

何をしているかと言うと、冬場、納豆菌が付いた藁苞《わらづと》で鴨《かも》を包んで、さらに鴨のなかにも同じ藁をいっぱい詰めて、常温の厨房《ちゅうぼう》に一週間ほど置いておく。

それでは腐るのではないか、と思われるかもしれませんが、心配ご無用。何しろ、外から内から、納豆菌が作用します。納豆菌より強い菌はありません。腐敗菌を納豆菌が全部食べてしまいます。

そうした鴨をマウロが鉄板でじっくり焼いて私らに食べさせてくれたのですが、切り分けて出してくれたその鴨肉の柔らかさと風味にはびっくりしました。一体どうなっているんだろうと思いました。納豆菌、恐るべし。

先に紹介した「ノーマ」は二〇二四年末で通常営業を終了し、二〇二五年から「期間限定営業」となるようですが、一方、マウロ・コラグレコは二〇二三年秋に東京・大手町に店を出したところですので、今後が大いに楽しみです。

麹菌と広島レモンで冷たい味噌汁を作る

ここまでは「世界に通じる食文化・料理」「発酵」「麹菌」の話。ここから、「広島サミット」、G7と広島レモン、そして「麹菌」の話になります。

実は、今回の「広島サミット」の料理を担当するにあたり、広島の食材を何か使おうと考えていました。

広島の人にゴマするわけやありませんが、ちょっといいところを見せておかないと

「京都から何しに来とんねん」と言われるのはわかってます。

ただ、広島でやってるサミットやからといって、広島の人達の反感を買わないようにといって、広島の人が普段食べているようなものは、私も料理人ですから作りません。そのうえで、広島の人達が喜んでくれるようなものを作りたい。いや、作らないかん。でも、難しい料理を作って、こりゃ何じゃ、何だかようわからんわ、となるとつまらない。

そこで、まず浮かんだのが「広島レモン」という、地元自慢の食材です。その広島レモンを粉砕して、そこに豆、糖質とタンパク質と麴菌を加えれば味噌ができる。わかりやすく言えば、「広島レモン味噌」。

この「広島レモン味噌」を使った冷たい味噌汁、かっこつけて言えば「広島レモン味噌汁の冷製」。これを作って晩餐（ワーキング・ディナー）に出したんですけど、皆さん、何かの「冷製スープ」やとは思っていたようです。

この晩餐にはG7の首脳の方々だけでなく、招待国の皆さんも加わって四〇人から五〇人という客数。ランチも私がやって、そのあと、この晩餐にもその「冷製スープ」つまり「広島レモン味噌で作った味噌汁の冷たいの」と、他に二皿を供しました。

すると、「冷たい広島レモン味噌汁」を飲んだフランス大統領のエマニュエル・マクロンさんが、「このスープを作ったシェフを呼んでほしい」とおっしゃった。

さっきはカナダの首相トルドーさんやったけど、今度はフランスの大統領マクロンさん。二人とも男前やけど、それはさておき、「マクロンさんが呼んではりまっせ」という話。私はもう、ひと仕事終わった、やれやれという感じで部屋に帰って、ちょうどシャワーを浴びていたところだったんです。

マクロンさん、若くて男前だけやない、さすがに無形文化遺産の先輩「フランス料理」(二〇一〇年に登録)の国の大統領。舌の方も大したもんや。

多分、その「不思議な冷たいスープ」を飲んで、むむ、これは何や、どうなっているんや、と思ったんでしょう。レモンの味はするわ、酸味はあるわ、うまみもあるわ、で、ある意味、衝撃的だったんじゃないでしょうか。

そして、これを作った奴《やつ》に「どうなってるのか」直接訊いてみよう、ということで「これを作ったシェフを呼んでくれ」となったんやと思います。

ありがたい話です。しかし、こっちはひと仕事終わって一段落ということで、もうシャワータイムになっている。ありがたい話やけれど、また着替えて行くの嫌やから「どっか行って見当たりませんわ」ということにしておいて、と言ってたんです。

マクロンさん、すんまへん。

これは広島レモン味噌を作ったという経緯からのエピソードですが、基本的に、新しい味を作るのは好きです。いま、いろいろな味噌を作っています。

たとえばパプリカ。赤いピーマンみたいなあれですね。あれを焼いて、皮だけめくって粉砕して、それに豆を入れて、真っ赤な味噌を作っています。

言ってみれば、パプリカ味噌。パプリカは甘いでしょう。糖質があるわけです。糖質とタンパク質、タンパク質があるんだから、味噌はできる。

そんなこんなで、魚でもできへんか、鶏でもできへんか、と言うていろんな素材で味噌をやったんですけど、これはあかんな、臭《く》っさーっ、これ食ったら死ぬなみたいなものもできる。マクロンさんには紹介できない話ですけどね。

やっぱり、広島はお好み焼きや

広島レモンも人気の素材ですけど、広島と言えばやっぱり牡蠣《かき》、そして何と言ってもお好み焼き。この広島の代表的な「味」を合わせてサミットのディナーに使ったという話もしておきましょう。

広島の牡蠣とお好み焼き、この組み合わせについては、最初は普通にお好み焼きの具材として牡蠣を使う、というふうに考えていたんです。

そして、お好み焼きと言えばソースも味の決め手の一つ。その広島のお好み焼きソースと言えば、もちろん「オタフクソース」ということになります。

実は、この「オタフクソース」の社長がうちのお客さんで、少し前「創業一〇〇周年記念の特別なソースを作りたい」とおっしゃっていた。そのことをふと思い出して、社長に「G7、広島サミットのためにスペシャルソースを作ってくださいよ」とお願いしてみたんです。

すると、社長から、「これの味をちょっとみてくれ」という連絡があって、新しいソースが届いた。それで味見をして「これでよろしいんじゃないですか」と返したら、「じゃあ、これをサミットで使ってみてくれ」ということになった。

つまり、実は、私が味見したソースは、以前に社長が言っていた「オタフクソース創業一〇〇周年記念」ソースの完成試作品だったということ。それを、私の「OK」を前提にして、「いいから、サミットスペシャルに使ったら」と言ってくれたわけです。

ですから、広島お好み焼きの「オタフクソース一〇〇周年記念」ソースは、市場に出される前に私と、この時のG7首脳全員が「味見」したスペシャル版、プレミア付き、ということになるかもしれませんね。

「オタフクソース」は広島の会社ですから、広島のお好み焼きのことを考えて「ちゃんと」作られています。「ちゃんと」という意味をちょっと解説しておきますと、まず、とろみとか甘みは、中東のデーツという「なつめやしの実」で作る。これがいい。そして、あまり添加物を入れたりしないし、大量生産したりしないのもいい。

そういう「ちゃんと」した広島お好み焼きソースのスペシャル版が手に入った。次は、具になる牡蠣や、というわけですが、開催時期の五月というのはどう考えても広島の牡蠣は無理や、ということになりました。

でも、やっぱり具は牡蠣にしたいなあ、どうしようかなと思案した後、まあ、牡蠣やったらいいか、ということで夏牡蠣、つまり岩牡蠣を北の方から仕入れることにしたんです。それで、実際やってみたらやっぱり岩牡蠣は大きい。わかっていたことですけど、冬場が旬の広島の牡蠣よりは大きい。それを生地の上にのせただけで焼きそばとかキャベツとか入れなくても、相当盛り上がってしまう。

さて、どうしよう、ということで何回も試作品を作りました。その結果、小麦粉にくず粉を混ぜてねっとりした生地を作り、その中に岩牡蠣に打ち粉をしたものをドボッと浸ける。そして、そのまま引き上げて焼く。

聞くだけでもうまそうだと思いませんか。それを、うちの料理長は「チヂミですか、それ」とか言うから、「まあ、チヂミみたいなもんやな」と返して、「まあ、広島お好み焼きの原型はチヂミやから、これでええんちゃうか」言うときました。

両面を焼いて天地両端を切ったら四角になる。それを一口大にして二個でワンセット。そこに先の「オタフクソース」スペシャルとマヨネーズを塗って、青のりだけかける。

そして、普通は花かつおをかけたりするんですが、今回は削り鰹節《かつおぶし》をそのまま上にのせた。すると、熱で鰹節が「踊る」。これがまた外国人には受ける。世界をリードするG7首脳の皆さんが大喜びしてくれました。

岸田さんが一番喜んでくれたんとちゃうか

おもしろい。創造的や。どこからそんなアイデアが出てくるんですか。そんなことも言われますし、新しい味、新しい料理を作るのはたしかに好きです。でも、結局、私らの仕事というのは「誰に、何を食べさせるか」によって変わってきますので、当然「表現の仕方」も変わってきます。

この「広島サミット」の時は、G7、世界の文字通りのトップの方々がお客さんですので、もちろんその方々に喜んでもらうよう工夫や努力はします。しかし、ほんまに喜んでもらわないといけないのは広島の皆さんやないか、と思っていました。

今回は世界レベルの催事で、それが広島で行われているというニュースが世界中に盛んに流される。そういうなかで、私らが携わっている料理の話題でも広島に貢献したい。広島の皆さんに喜んでもらわんとあかん。オファーを受けた時からサミット終了まで、ずっとそういう気持ちを持ち続けていたわけです。

広島のサミットで京料理作って何やねん、と言われるのはお互い、気持ち良くない。

どうせなら「ようやった。さすが、京都から来ただけのことはあるな」と言われたい。結果として、広島のテレビ局はサミットにおける私の料理を七回も放送してくれましたし、「G7で広島お好み焼きをやってくれたのをテレビで見て、菊乃井を予約した」と言って京都（菊乃井本店）に来てくれた広島のお客さんもいらっしゃいました。これはうれしかったですね。

そうして皆さん喜んでくれたなかで、「一番喜んでくれたのは岸田さんやったんとちゃうか」と皆で言うてます。

首相が広島出身やから広島贔屓《びいき》やと思われるのは嫌や、ということ、公平にということ、そういうことでわざわざ京都の村田、京都の「菊乃井」を指名したのに、京料理やなくて広島の美味や名物を生かした料理が出てきて、それを世界のVIPも広島の人も喜んでくれたんですからね。

実際、料理についての外務省の指示、要請は「熱いものを熱いうちに、冷たいものを冷たいうちに、というのは二の次で、一時間半なら一時間半のなかできちんと収めてくれ」ということだけ。

ですから、その指示に従って、村田が好きなようにした、広島の素材も村田が好きで使っただけのこと、というのでよろしいかな、と思っています。

第二章

料亭、料理屋、料理人って何や？

料理屋、料亭は「公共」のもの

うちもそうですけど、料理屋、料亭として電話帳に載っている以上、これは「公共の施設」やと思っています。商売というのは、みんな「公共」です。その「公共」のものが、「普通の人が一生かかっても行けないようなところ」になっているというのは変な話です。

変なものは、いずれ遠からず、なくなります。普通の人に支持されないようなものは、長い歴史のなかで存続できたためしがない。

そういう意味で、いま危惧していることの一つが東京の鮨屋の、一人五万円とか七万円とか言われている事情。

ほっといてくれ、と言われるかもしれませんけど、これでは大衆に支持されてきた「鮨」という文化が日本から消えてなくなるんとちゃうか、と心配してます。

食べに行く方も、値段の高いのが上等やと思っているのかもしれませんね。昔は、文化人は金持ちやったんです。でもいまは、文化人は金持ちやない。

一方で、文化などとはあまり縁のない、お金だけは持っているという人、そしてそのお仲間が、お金を出せば「おいしいもの」が食べられると思ってあちこちへ出かける。そこに「食文化を楽しむ」というニュアンスがあるのかどうか。「料理」やなくて「価格」を食べてるんやないか、それが問題や、というわけです。

私は、そういう「お金さえ出せば」というような向きを、あえて「輩《やから》」と言いますが、そういう「輩」を相手に商売をする人達が私らの仕事の分野でも増えました。

そうなると、高い方が上等だという価値観ですから、「値段が高くて、狭い店」、八席とか一〇席でやるのですぐに満席になる、この先三か月も半年も予約が取れない、というような店が流行《はや》る、話題にもなる。そうなると、また予約を取りたい「輩」が増える。

そういう店が「何か月も予約が取れない人気店」とか「評判の店」になる。するとまた、そんなところをスタンプラリーみたいに回るのを自慢する「輩」がいて、来た時に次の予約を取って帰る。

これでは、普通の客はいつまでたっても入れない。そういう商売でいいのか、料理屋は「公共」のものという考え方はあかんのか、ということです。

そういう傾向の影響もあるのか、この頃、京都でも若い子がいきなり独立して、いきなり二万五〇〇〇円とかの値段で商売しようとする。店の規模は、さっき言ったような八席とか一〇席ですよ。ちょっと受ければ、すぐに満席になる。それはどうなの、ということです。

私らは、最初は一万五〇〇〇円ぐらいからやれと言うんです。それでお客さんの支持があったら、もうちょっと上げていくのはいい。けれども、いきなり二万五〇〇〇円というのは、どうなの、と。そういうのは、京都の暮らし、つまりその街の「公共」とかけ離れているのとちゃうか、と。

結局、そういうのが受けるのは、わざわざ新幹線使《つこ》うてやって来る東京のお客さんと、インバウンドだけ。でも、よその老舗《しにせ》の連中よりも高い値段でやって、東京の人しか来ていないけれど、それでいい、京都の地元の人は相手にしませんというようなスタンスならば、別に京都で商売しなくてもいいんじゃないか、よそでやったら、という話です。

料理屋としての良心は

「予約が取れない」ことを自慢する向きもあります。でも、予約が取れない店＝いい店、ではない。これだけははっきり言っておきたいと思います。

たとえば、予約のキャンセルがあったとしましょう。すると、そのあとにお客さんがあっても受けない。現実に、キャンセルの分、空いているんですよ。なのに、なぜか、受けない。そういう商売の仕方はどうなのか。それでいいのか。

ほんまにお客さんのことを考える、自分の作った料理をちゃんと皆に公平においしく食べてもらいたいと思う、これが料理屋商売の基本、料理屋としての良心です。そのへんを考えれば、「予約が取れない」ことは自慢することなのか、という話です。

私ら京都の人間は、「東京」という無国籍な巨大都市が日本の料理文化を破壊していくのとちゃうか、と心配しています。そうした時に、うちの先代の言葉を思い出します。

「鮨屋の『あて』のようなものばっかりいくら並べても、それでは『懐石』にはならん。それでは料理屋にはならんねん」

「『懐石』には起承転結がある。一つのルールがあって、そのなかで料理を作るのが『懐石』で、『食べ物』を並べて出して、それがうまければよかろうというのは料理屋やなくて居酒屋や。居酒屋でよければそれでよいけど、お前は、何になりたいねん」

　そんなことを先代がよく言うてました。

　居酒屋さんも一つのご商売ですから、それはそれで一生懸命やってはる人はいます。ただ、料理屋と居酒屋では、提供するものが違う。

　そういう意味で、このところの東京は、「居酒屋みたいな料理屋」が多過ぎないか。そんな感じがして仕方がありません。

　焼いた牛肉の上に生ウニをのせて、その上にキャビアをのせる。そういう料理を見て「うわー、すごーい」と喜ぶ客がいる。それがいくら高くても「うまい！」とか「おいしい！」言う客がいる。

　そういうのに遭遇する時、私らは店に対しては「何を食べさせようと思ってるんや」と言いたくなるんです。それと同時に、目つむって「うーん」とかうなっているお客さんに対しても「おいしい言い過ぎちゃいますか」と突っ込みを入れたくなるんですよ、正直な話。

それから、料理以外の「講釈」が多過ぎる。一皿の料理を出すやいなや、「このお皿は魯山人《ろさんじん》です」「このお皿一枚でマンション一戸買えます」とかなんとか。なんと下品な物言いやと思いますね。

そんな話に「へー、すごいんだね」とか言って喜ぶお客さんもいるかもしれません。でも、あなたのところも料理屋ならば、その皿にマッチする盛り付けをして、「わー、きれいやわ」という声を聞きたくはないのか。その後で、「それで、この器は？」と訊かれたらはじめて「実は……」という話をすればいい。

あるいは、魚料理を出す時に、最初から「この魚は瀬戸内の何とかいうところで獲れた……」とか、「山陰は何々港からの直送で」とか、地理の勉強会みたいな、情報てんこ盛りの話をする。そんなことは「この魚は、おいしいね。どこの？」と訊かれてから「どこそこの、何なにでです」と簡潔に答えればいいんです。魚屋さんやないんやから。

とにかく「講釈」が多過ぎる。料理より「講釈」が先に立つ。もう「講釈」はいいから黙っといてくれ、「講釈」を食べに来たわけやないぞ、という店がある。これも問題やと思いますね。

東京の貧富の差と、「公共」の崩壊

東京でこの頃ひどいなと思うのは、貧富の差が激しい、それも、ものすごく激しいのとちゃうか、ということです。

他の地方はそんなに金持ちもいない代わりに、そんなに貧乏人もいない。しかし、東京でお金がなかったら、ほんまに何もできない。そんな感じがして仕方がありません。

うちの息子、娘の連れ合いで養子ですけれども、もともとが商社マン。それが、係長の辞令をもらった時に退職願を出して「菊乃井」に入ってくれたんです。

その彼が言うには、係長で、まあ、そこそこの給料をもらっていても、いろいろ引かれるとカツカツやというわけです。

たとえば、営業ですと、すぐに電車でどこにでも行けるようなところに住んでいないと仕事にならない。だから、結局、山手線の近くで暮らそうということになる。すると、ワンルームマンションでも家賃に一〇万円はかかる。水道光熱費を入れると月に一三万円ぐらいかかるわけです。

弁当を持って営業には行けません。コンビニ弁当を買《こ》うたら、と言っても、ではそれをどこで食べるんや、という現実がある。だから結局、外食せないかん。外食でも、これが大阪・京都だったらいまでも六五〇円で昼飯が食えるんです。でも、東京はそういうわけにはいかん。昼飯で一〇〇〇円は見ておかないかん。晩は、ラーメンが好きだからラーメン食いたい。しかし、毎日ラーメンを食っとったら金が足らんようになる。そういう話です。

そういうのが東京のサラリーマンの普通の生活、現実なんですね。だから、そんな高いところで飯を食うなんていうことは、普通はできない。できるわけがない。でも、一方で、毎日のようにそういうところに行っている「普通ではない」人らもいるわけでしょう。

京都ではそんな人に会《お》うたことがない。

ただ、大阪には「普通ではない人」がいるんです。いわゆる夜の世界で言えば、北《きた》新地《しんち》は高くなってきました。クラブでわかりやすく言うたら、京都の倍の金額が北新地、北新地の倍が銀座、という感じでしょうか。

この現象を、料理人の方から見るとどうなっているのか。とにかく、東京は貧富の差が激しい。普通の人が普通に行けない店がもてはやされるとなると、もう「公共」

が壊れているかもしれないな、と思うくらい格差がある。

料理人として朝の早いうちからいろいろなところへ食材を見に行ったり、休みの日もつぶして素材を見に行ったりして、ちょっとでもいいものを仕入れてこようとする。そういう、料理人としてはごくまっとうな努力をする。それはそれでけっこうなことやと思います。

しかし、その努力が、ある一定の、あるいは特定の人達のためだけのものだとしたら、どうなのか。

そんなことのために自分の人生を使うのか。あなたが料理人としてやりたかったのはそれですか、ということを私はいつも思うんです。「予約が取れない店」について、料理人自身が料理人としてどう考えているのかなということです。

「普通の人が普通に入れない料理屋」って、やっぱり、どこかおかしい。

京都の料亭はつぶれない

どなたかの演説で「人生には上り坂、下り坂だけやなしに、まさか、という坂がある」というのがありました。

この話がえらく受けたようで、いろんなところでこの「まさか」というのが使われているようですが、二〇二〇年二月の横浜港に寄港した国際クルーズ船騒動から始まった三年間の「コロナ禍」は、日本中の人々に、さまざまな形の「まさか」を味わわせたことやと思います。

「まさか」、言い換えれば「想定外」。私らにとって、ほんとに「お上（政府）」が「家から出るな」「旅行に行くな」「飲食店に行くな」と言いだすとは思いませんでした。

こんな事態、想像できるわけがありません。「まさか」中の「まさか」、「想定外」の一〇〇乗です。

日本中の町がひっそりと静まりかえり、コンサートの歌声が消え、祭りのワッショイがなくなり、飲食店から「おいしい！」「乾杯！」の歓声が聞こえなくなりました。とりわけ、飲食業などは、コロナ流行の大もとのように言われて、非常に悔しい思いをした同業者も多かったと思います。

そうして、「コロナ禍」が当初の予想より長引くうちに、多くの飲食店が店を畳みました。皆さん、できる限りの努力をされた末の、苦渋の決断だったに違いありません。

そうしたなかで、京都の料亭、料理屋はやめたところが一軒もない、という話が、まるで奇跡を語るかのように広まっていったと聞いています。

「コロナ禍」によって、インバウンドをはじめ観光客が激減する状況を鑑みれば、観光都市・京都などは相当打撃を受けているだろう、京都の飲食業は大変だろうと、皆さんが思われるのも無理のないところ。

ですから、京都の料理屋、料亭が一軒もつぶれんのは何でや、と疑問に思われるのも当然のことです。でもそれは、噂《うわさ》でも、奇跡でもなく、まぎれもない事実です。京都にとっては、普通のこと、奇跡でも何でもありません。

逆に言えば、コロナ禍の観光客激減によって、久しぶりに京都の人のための京都の街が戻って来た、ということだったのかもしれません。

先に、京都の料理屋、料亭は町衆と共にある、という話をさせてもらいましたが、その京都の町衆は、「コロナ禍」のなかでこんなことを言うてました。

「コロナのこんな時期やけど、カウンターやなくて座敷やったらええんちゃうか」

「大勢で行くな言われてるけど、嫁さんと二人やったらええのんちゃうか」

小池百合子都知事が聞いたら目をむくかもしれませんけど、こんなふうな、いかにも京都の人間が考えそうなことを言いながら、私らの店に来てくれるお客さんが「それなり」にいたわけです。

まあ、街もいい具合にすいてるし、店の予約も取りやすいし、ということで、コロナ禍の間もそういったお客さん達にしっかり支えていただきました。

二〇二三年五月の5類移行から、コロナも一段落、しかも円安やということで、京都はまた、あっという間に外国人でいっぱいになってしまいました。でも、これは以前からですが、私らは外国人客を四割以上取らないことにしています。

なぜか。答えはシンプルです。そうじゃないと、地元のお客さん、日本のお客さんにうちの店を楽しんでもらえなくなる。地元の人、日本のお客さんが入れない店って、いくら流行っていても、それはおかしいのとちゃうか、と思てます。

まあ、えらそうに言うわけではありませんが、そういうふうに決めておかないと

「外国人のための施設」になってしまう。私は、それはあかんわ、と思う方なんです。

いまは、外国からのお客さんがぎょうさんお金を払ってくれる。向こうの人にしてみれば、日本に来たら円安の時代ですから何でも安い。

私もこの前台湾に行ってきましたが、日本の国力の低下を実感してきました。昔は円高でしたから台湾にしろシンガポールにしろ何でも安く買えるという感覚でしたが、いまは全く逆。向こうの人達が日本に来て、京都に来て、どんどん円を使うてくれはる。

ですから、外国人を相手にした方が店は儲《もう》かります。当然の話です。

でも、そうやって儲かって何やねん、という話もあります。私は、こっちの話の方に乗ります。儲かっても、それは何のためやねん、誰のためやねん、というわけです。

創業の「一代目」さんと老舗の「ぼん」

儲かったからといって、利益をぎょうさん出したところで、どうするんや、税金にみんな持っていかれるだけやないか、というわけですが、私が見るところ、こういう話は京都では「一代目」の店、つまり「創業者の店」で多いように思います。

結局、京都の料理屋の「一代目」の人達は、たとえば外国の人ばかりを相手にした商売して、お客さんがいっぱいになって、「一人前になったら、かっこいい外国車に乗りたいな」といった夢をかなえた。そういう夢を励みにして商売をやってきたんや、というわけです。

一生懸命やって、お金が入ってくるようになると、フェラーリを三五〇〇万円で買ったりする。祇園《ぎおん》のクラブに行って、毎日のように酒飲んだりするようになる。そして、結局、国税に入られてぎょうさん税金を取られたりするわけです。

あんた、そんなにほうけている場合とちゃうでと、言うてあげたのに、懲りもせずにまた新しい彼女を作ってみたり、そういうことをする。

それも創業者で、一代で一生懸命やってきて、金儲けて独り立ちした、だからそういうことがやりたいというのは、私もよくわかるんですよ。わかりますけど、「一生懸命」の、その方向性が違うんやないか、ということなんです。

その点、いわゆる老舗の「ぼん」連中はどうかと言うと、ちょっと違ってきます。「ぼん」連中は、何代も続いている家《うち》の子やから「ぼん」じゃないですか。大体が、お金のある家の子。それがみんな、ちっこい車に乗って走り回ってる。
「お前、この前買《こ》うた言うてたBMWのでかいやつはどうしてんねん」と訊いたら、「あんなのでこの街は走れませんよ」と言う。「あんなの停めるところもないし、大変ですよ」と言う。さらに「走れたら充分。これで充分ですわ」とか言って涼しい顔してる。

先のフェラーリ買うたとかいう人らと別に、この「ぼん」らはそんなことに価値を求めていない。細い路地が多い街を走るんやったら、これで充分。走るんやったらちっこい車で充分、いや、その方がいいと言うんです。

それくらい、創業者、一代目でブイブイ言わしてる若い連中と、京都の「ぼん」連中は持ち味も価値観も相当違う。

そこで、この連中をごちゃ混ぜにしたら、ちょっとおもしろい化学反応が起こるかもしれんなと思って、そういう機会を作ったんですが、失敗しました。うまくいきませんでした。やっぱり、合わないんです。

合わない、というのは、こういうことです。

一代目でやってきた連中は、「お前らがへらへら学生やってる時に、俺らは歯を食いしばって頑張ってきたんや」という思いが強烈にある。「お前らに決して負けへん」と思っているわけです。

一方、「ぼん」連中は何も思っていない。何も意識してないから、「あの人らは言葉に圧がある」とか、果ては「こわい」とか言う。「こわいやろな」と思います。創業者、一代目の連中は、「いけいけ」「攻撃的」、英語で言うたら「アグレッシブ」ですからね。

「ぼん」連中は皆それなりに、同志社とか立命館、そこらへんの大学ぐらいは出ているわけで、下手したら大学院に行って、皆それなりのものを見て、聞いて、この商売を継いでいる。あんまり「アグレッシブ」やらの気持ちは持ったことのない連中です。

そんなこんなで、「ぼん」連中は何も意識してへんけど、一代目の連中はかなり意識している。こういうわけです。

京都の「ぼん」パワー

京都の「ぼん」、いわゆる老舗の「ぼん」連中は、「お前、賢いな、ほんまに」と言われたら、それを嫌みやとか皮肉やとか受け取らずに、素直に褒められたと思い、「ありがとう」と言うような連中ですよ。

ですから「一代目」の連中がなぜ自分達に攻撃的な目を向けてくるのかわからない。あげくの果ては「ほんまに僕らはぼんやし、やっぱり彼らが言うてるようにダメなんでしょうか」とか言うてくる。

そういうのを聞いて、私はこう言ってやります。

「いやいや、そんなことはない。ぼんがダメなことはない。世界の経済、政治、文化、それらを全部動かしてるのは、ぼんや」

そうやって、自信を付けさせると彼らはすごい力を発揮します。

「そやから、いままで通りのびのび勉強して、もっともっといろんなことを勉強して、やりたいことをやったらええんちゃうか」

それと、京都の「ぼん」達は子どもの頃からそれなりのネットワークを作っていると言いますか、皆、仲がいい。

もちろん、彼らの親父連中も仲がいいんです。ですから、自分の子どもたちにもいろいろなグループを作らせたり、いろいろな勉強会をさせたりしています。そういう育て方、そういう育ち方があるので、「ぼん」連中は小さい時から「見ているもの」

が違う。ひいては「持っているもの」が違うということになる。

逆に言えば、そのネットワークに入れない人らには、当然それらに対する嫉妬がある。あるんですけど、「ぼん」らにはそれが何やらわからへん。

こんな話があります。

「ある旧家から出たもんですけど」と古物屋さんが言う備前焼の花器が、三〇本ほどざっと並んでいました。そこに私と京都のさる老舗料亭の「ぼん」がたまたま一緒に行ったことがあります。

その時に、私が彼に「この備前焼の花器のなかで、どれがいいと思う？」と訊いたんです。すると彼は「これとこれやと思いますわ」と言って、その三〇本ほどのなかから二つを抜いた。

そして、「この、ひょうたんみたいな、くびれたやつ、この二本がええと思います」というわけです。

そこで、私は追及するつもりもなく、さらにこう尋ねてみた。

「なんでや、なんでその二つなんや？　何かそれ、わざとらしくないか？」

答えは、こうです。

「いやまあ、見たら、何となく、ですけど」

この「何となく」に私は参りました。さすがに、「ぼん」はすごいわと思いました。何しろ、彼が「何となく」ええと感じて、三〇本ほどのなかから抜いた二本だけが、備前焼の人間国宝・金重陶陽《かねしげとうよう》の作品やったんですから。

京都の「ぼん」の「何となく」恐るべし。

この「何となく」の中身こそが一番大事なところで、ここそが京都という街が持つ「文化の厚み」というものだと思います。「何となく」ええものを、何代にもわたって見てきている。家のなかで、見てきている。街のなかで、見てきている。こういうことです。

ですから、逆に言えば「何か、おかしい」というのもすぐにわかる。「これはちょっと変やないか」ということがわかる。まともではないこと、まがいもの、そういうことやものに対する鋭い違和感と言ってもいいかもしれませんね。

空気が汚れていることを何よりも早く感知する炭鉱のカナリアのような、ある種の「文化的センサー」を心のなかに飼っているのかも、と言うたらかっこ良過ぎるでしょうか。ただ、そういった「センサー」を持っているからといって、あぐらをかいたらおしまいです。ですから、やっぱり勉強し続けることが肝心です。

手前味噌を言うわけやありませんけど、うちの娘と結婚して婿養子《むこようし》になってくれた

「跡取り」もいま、大学院の研究室で一生懸命勉強しています。

もちろん店をやりながらの話ですけど、「何勉強してるんや？」と訊くと「農科学です」と言う。この分野の勉強は、他の二、三の老舗料亭の「ぼん」達もやっているそうですから、これからの世の中はそっちへ行くのかな、とは思うものの、そんなもん、どうでもええやろ、という気もする。

でも、あんまりああだこうだと注文付けてると、「お前、せっかくの養子さん、いじめてるらしいな」言われるのがオチですから、やめときましょう。

「京料理の危機」を乗り越えるために

いま、老舗料亭の「ぼん」、跡取りの「ぼん」の話がありましたけど、実は一三年ほど前（二〇一〇年頃）には跡取りどころやなくて、「京料理」そのものの危機がありました。

現在の「食」の世界は、そのまま「危機の時代」やと言われています。「危機」の要因、原因は何やと言われれば、悲しいことやけど、いくつでも挙げられます。

このところの話題で言えば、コロナ禍による物流の停滞がありました。もちろん異常気象による世界中の不作ということもあります。もはや地球温暖化ではなく地球沸騰化やと言われても「ほんまやなあ」と納得できてしまうのがつらい。

加えてというのも何ですが「中国による食料の爆買い」も世界の「食」にとっては大きな「危機」の要因です。

そして、直近の話題では「長引く戦争」ということになるでしょうか。

いつ終わるともしれないロシアとウクライナの戦争、憎しみの応酬となった「ガザ地区」でのパレスチナとイスラエルの戦争が、世界の「食」の危機を加速化させているのは言うまでもありません。

そういった世界レベルの「食」の危機に目を配り、関心を深めながら、一方では自分の足元の問題である「京料理の行く末」というテーマに心を砕く。このことがいまの私の使命、私の人生をかけての課題かなと思うようになりました。

先に、二〇一〇年頃に、最初の「京料理の危機」があったと言いましたが、その頃、いくつもの京料理の老舗で「今日の予約は二組しかないですわ」というような状況が現実にありました。

端的に言えば「京料理の斜陽化」です。身近な話で言えば「家族全員でこの商売しているんやが、これやったら息子に継げとよう言わんわ」ということになります。「これはほんま、大変な問題やぞ」というわけで、私は一気に危機感を募らせました。実は、のちに「日本料理をユネスコの無形文化遺産に登録する」といったような大テーマに挑戦する要因は、この時の危機感だったんです。

とは言え、いきなり「ユネスコの無形文化遺産や！」とか言って性急にやっても誰も賛同してくれません。「何のこっちゃ、それ」とあきれられるだけです。ですから、千里の道も一歩から。急がば回れ。雨降って地固まる。いろんなこと言いますが、要は、自分達がいまどういう状況にいるのか、冷静に、客観的に見てみようということです。

そうしなければ、問題のありどころ、危機の本質を見誤るかもしれない。そういう作業をしながら、同時に足元を固める動きも進めよう。そして、そのうえで、やるべきことがわかれば、それを積極果敢にやろう。

そうした思いを最初に目に見える形にしたのが、二〇〇四年八月の「日本料理アカデミー」の立ち上げです。

その頃の世界の料理界の話題は、いわゆる「モレキュラー・ガストロノミー」に大きく傾いていました。つまり「分子料理学」、科学的に料理というものを分析してみよう、という考え方が大流行していました。「料理も科学や」というわけです。

とすると、京料理も「伝統」やら「親から子へ」やらはちょっと置いといて、一度「科学の光」を当ててみるのもおもしろいかもしれん。何か、我々が知らなかったことが浮かび上がるかもしれん。そこに危機脱出のヒントを得られるかもしれん。

これはやってみる価値はある。では、どうすればいいのか。勉強するには、まず学校が必要やないか。

こういうわけで、「京料理危機脱出作戦」は、京料理全体を学問的に、文化的に位置付けし直すとともに、科学的なアプローチでその味と技術の本質を明らかにしてみよう、という方向性を得て、「日本料理アカデミー」という団体を作ることになったのです。

学者と料理人

世界中の料理人はいま、学者と一緒に勉強したり、新しい料理方法を模索したり、いろいろなことにチャレンジしている。京料理もこのままずっと同じことをやり続けていてはあかん。こういう思いを共有できた人達と「日本料理アカデミー」を立ち上げたわけですが、それから約二〇年、現在会員は料理人や学者らで構成された約一七〇人です。

文化的には言わば「京都料理大学」のようなイメージ、活動的にはある意味、一つの会社「京都屋」さんみたいなことになっていて、そのなかで「京料理が伝えていかなければならないものは何か」を真剣に考えています。

設立当初を振り返ると、当時京都大学にいらっしゃった伏木《ふしき》亨《とおる》先生（現・甲子園大学学長）の下で、老舗料亭の跡取りの「ぼん」三人が大学院に入りました。そうして京大の研究室《ラボ》に現役の料理人達、つまり実際に京料理の現場にいる人間たちが毎週のように集まって、ああでもない、こうでもないとわいわいやるという活動が始まったんです。

結果的に言うと、この活動は、ほんまにやって良かった。学者と一緒にやると、料理というものがこんなに違って見えてくるんや、という驚きの連続でした。

この活動と研究は、料理のプロというだけでなく、京料理の専門家をもって任じていた我々に、さまざまなことを教えてくれた。本当にいろいろなことに気付かせてくれた。何百年かの眠りから覚ましてくれた。目を開かせてくれた。

たとえば、「十年一日のごとく」と言いますが、それどころか二〇〇年間、我々がずうっとやってきた「出汁の引き方」が間違っていたことがわかった。しなくてもよいことをやっていた。ええーっ、何やそれ、ですよ。

あるいは、「青いものを湯がく時に塩を入れる」というのは料理人の常識のようなものだったのが、その塩に何の意味もないことがわかった……。

ある日、京大の伏木先生の研究室で我々が料理を作っていて、青いものを湯がく時に、我々はいつものように何の疑いもなく、塩を入れてたんですね。すると、伏木先生が「お、いま入れたんは何や」と言う。

「塩ですがな」

「なんで塩、入れるんや」

この時私は、えらそうにしてるけど学者というのはほんまは何も知らんのやなあ、と思っていました。

「なんでて、先生、塩入れたら青いものの青がきれいに出るんですよ。常識ですがな」

すると、伏木先生は、即座にこう言ったんです。

「そんなこと、あり得へんで」

それから、「おーい、みんな来てくれ」と言って助手の若い学者先生達を集めて、何やら議論を始めた。

「料理人たちが、青いものを湯がく時に塩を入れると青の色が良くなると言うんやが、皆、どう思う？」

しばらくして、「わかったわ」と言いながら、今度は私らを呼んで、結論をわかりやすく説明してくれました。それは、こういうことだったんです。

大正時代以前の塩は、藁《わら》で編んだ「カマス」という袋に入れられていた。そういう塩には塩化マグネシウムが成分としていっぱい入っていた。この塩化マグネシウムは、我々が「にがり」と言っているもの。そして、にがりの一五パーセントは、少量でも「葉緑素」を定着させる作用がある。

だから、大正時代以前、つまり江戸時代や明治時代の料理人が、経験則として、青いものを湯がく時に塩を入れて青さの色を良くしたというのはわかる。

彼らは、塩のなかの「にがり」が塩化マグネシウムで、それが「葉緑素」を引き出してるんや、といった「科学」などは知らずに、先輩の誰かがたまたま発見してうまくいった手法を「料理法」として伝えてきただけや、ということ。

「そやから、現代の精製された塩、にがりの入ってない塩を入れても何の意味もない」

いやいや、学者はやっぱり学者や。科学の力もすごい。よくわかりました。「伝統や」「うちだけの秘法や」言うて、言われたままやってるのはあかん。自己検証は必要や。

この時は、料理の本もいろいろあるけど「料理研究家がついた本当のような嘘《うそ》」という本ができるんとちゃうか、とか冗談を言い合いながら、京大の研究室で自分達がやろうとしていることへの自信も湧いてきたのでした。

料理屋の料理と家庭の料理

京大の研究室に料理人が集まって、学者と一緒にわいわいやってよかったこと。それは、先の塩の話のように「やらなくてもよいこと」を我々は何の疑いもなく延々やってきたのかもしれない、そういうことが他にもあるかもしれない、という自覚の芽生えです。

もっと言えば「間違ったことをいっぱいやっていたのかもしれない」という反省です。そういう意味では「油揚げの油抜き」なども、かっこうの例かもしれません。

調理の一環で、「油揚げに湯をかけて油を抜く」というプロセスが私たちに伝えられてきました。どうしてそういうことを「ひと手間」としてやったのか。

昔の油は黒色系の「鯨油」ですから、それで揚げた「油揚げ」はこげ茶色になっていて見た目がきれいじゃない。そこで、油抜きをした、ということがまず考えられます。そして、油が多い料理はおなかが膨れるので料理屋が出す料理は客のおなかに負担をかけないように油抜きをする。そういうこともあったのだろうと思います。

しかし、現在の油揚げは精製された油で作られているので、見た目もきれいやし、生でも食べられる。だから、いまは「油抜き」などする必要はないんですね。

また、家庭料理のこと、「おばんざい」のことを考えると、「油抜き」ではなくて、逆に「油が必要」だったことがわかります。

水にいりこを入れて、醬油を入れて、お菜をいっぱい入れて、そこに油揚げの刻んだのを入れて、一緒に炊く。お菜と一緒に油揚げを炊くとビタミンの吸収がいい。

こういうことですから、「おばんざい」には油揚げの油が必要だった、「油抜き」をするのは逆におかしい、という話になります。

よく、料理のことで「ひと手間かけて」と言い、ええことのように言うてますけど、この「油抜き」のような例もありますから、何でも「ひと手間」かければよいということではありません。

このように、料理屋の料理と家庭料理は違いがあります。家庭料理より料理屋の方が絶対うまい、というわけではありません。あくまで「違う」ということです。

結局、料理屋の料理というのは、「究極の美味」を提供しようとしているのではなく、いつ何時でも「八〇点以上は取れる」料理法でやっているということです。

たとえば、家庭料理の里芋。

がっと皮をむいて、そのまま水と一緒に鍋に入れる。出汁なんかいらん。そして、ぐらぐら茹《ゆ》でて、柔らかくなったらそこへ砂糖と醤油を入れて、ごろごろと煮詰まるまで炊いたものを熱々で食べる。これが一番うまい。一二〇点や。でも、それを三〇分置いたら、三〇点になってしまいますよ。そういうものです。

一方、料理屋の里芋。

いい素材をきちんと六角にむいて、米のとぎ汁で湯がく。それを水でさらして、追いがつおをした出汁と調味料で煮含める。これは、言ってみれば「出汁の立方体」です。さまざまなおいしさが構成的にまとまった一品です。

このように、変な言い方かもしれませんが、料理屋の料理は「手間ばっかり」かけています。そうして、家庭では食べられない味を表現しています。ですから、家庭の味とは当然違います。でき上がりも真っ白けで、きれい。粘りも適当にあって、まるでお餅のような料理屋の里芋。

ただ、里芋としてどっちがうまいか、ということになると、「それぞれのおいしさ」と言うほかにないかもしれませんが、やっぱり家で、食べる人の顔を見ながら芋を煮つける方がうまいかなあ。

京都をそのまんまパリに持って行ったものの……

家庭の味のように「気持ちのこもった料理」が大切だということはよくわかります。一方で、私は、基本的に「料理というのは、理を料《はか》り定める」ことやと考えています。要は、「理にかなう」、その「理」が何か、ということです。

「人生いろいろ」ではありませんが、まことに「理もいろいろ」でありますが、その一つに、「うまいばかりがそんなに必要か」ということもあるんじゃないかと思っています。

たとえば、ずっと入院していた八五歳のおじいちゃんが早春に「菊乃井本店」に来られた。庭に梅が咲いていて、そこにふきのとうが運ばれてきた。ただ油で揚げて味噌がかかっているだけのふきのとう。それを食べて、「ああまた春が来て、生きていて良かった」とおっしゃった。

これは、そのシチュエーションと、その方の健康状態とか気持ちとかのタイミングでそう思われたということで、そのふきのとうの料理自体が客観的に「そんなに涙を流すほどおいしかったか」という話とは違う。料理とは結局、そういうものやと思っています。

ただ、料理人としては、「理にかなう」部分はできる限り追究しておきたい。追究しておかねばならない。それは、先に言うたように「常に八〇点以上」を求められる料理屋の料理人の努め、責任やないかと思っています。

そして、その思いが、先の京大の「ラボ」や「日本料理アカデミー設立」につながっていったわけです。

実は、三〇年近く前、京料理の先輩である「瓢亭」の一四代目主人・髙橋英一《たかはしえいいち》さん達と一緒にパリに行ったことがあります。日本料理、京料理のデモンストレーションです。

その頃は、生きたままの鱧《はも》も通関できました。水槽のなかで鱧がぐにゅぐにゅしているのを通関のモニターを見ながら大騒ぎしたことを思い出します。つまり、それくらい、日本料理、京料理の素材から何から、全部向こうへ持って行って、京料理を作ったというわけです。

ロスチャイルド家の支援のもと、パリの超一流ホテルのメインダイニングを会場にして貴族を招待して「京料理の夕べ」のようなイベントをやりました。アラン・シャペルをはじめ、当時トップ級のフレンチのシェフも皆来てくれた……。

そういった「大イベント」をやったことを息子達の世代、たとえば当時は小学生か中学生くらいだった瓢亭の跡継ぎ息子の髙橋義弘君などが覚えていた。そして、「僕らも、日本料理をきちんと世界に紹介するイベントをやりたい」と言いだしたことがあります。

その気持ちはわかるし、うれしい。でもな、実はな……、ということで、私は次のような話をしました。

「あれは皆大成功やと言うてるけど、鱧やら何やら、素材から道具から全部で一トンもの荷物をＪＡＬに積んで行ったんや。水まで運んでるねんで。

何で、そんな大掛かりな、面倒くさいことをやったのか。

つまり、それくらい、日本の素材とか水でないとできないもの、日本料理は日本に根が生えた料理やということ。それが、その大イベントをやってようわかった。だから、こんなもの、世界に広がる可能性はないなと、あの時がっくりしたんや。

まあ、言うたら京都をそのまんま持って行ったようなもの。京都を持って行かないと京料理は作れないのか、世界中に京都を持って行くわけにはいかんやろ。パリのデモンストレーション、大成功やと皆さん喜んでいるなかで、私はかなり落ち込んだんや」

こういう話を後輩にしたんです。

そして、せっかく何かやるのだったら「打ち上げ花火」一発みたいなイベントをやるよりは、世界に日本料理を認めてもらうためにはどうしたらいいのか、もっと根本的なところから考えていきたい。日本料理の何が、どこが、どのような点で他の国の料理より優れているのか、もっと本質的なことを考えたい。日本料理、京料理を論理的に語りたい。

そのために、若い君らと一緒に、日本料理のアカデミーみたいな活動拠点を作りたいと思っているんやが、どうや。やってみないか。

振り返れば、これが現在の私たち京都の料理人のさまざまな活動のスタートだったように思います。

五つ目の味覚「うまみ」を世界へ

二〇〇四年に設立した「日本料理アカデミー」は二〇〇七年にNPO法人になりましたが、ビッグスポンサーとして味の素さんやキッコーマンさん、宝酒造さんなどにサポートしていただいています。そうしたなかで、まず目標として挙げたのが「化学調味料」ではなく、「うまみ」を世界中に広げたいということ。

「UMAMI」は、もちろん日本語の「うまみ」「旨《うま》み」ですが、いまは「ZEN」とか「JUDO」と同じく、日本語由来の世界共通語として通用するようになっています。いま世界の料理人は、会話のなかで普通に「UMAMI」と言うてます。

しかし、一〇年前は「うまみ」の意味も含めて、日本人以外でこの言葉を知っている人は料理の世界でも少なかった。外国語に訳される時も「おいしさ」のようなニュアンスの方が多かったように思います。

まあ、実際、「うまみ」は何とも言いようが難しい。伝えようが難しい。

世界標準での「味覚認識」というのは、それまでは甘み、辛み、酸味、苦み、この四つの味でできているというのが定説でした。そこに、五つ目の「味覚」として、私たちが「うまみ」というものがあるぞ、とアピールした。

何を、どうアピールしたのか。

まず、私達は「これが〝うまみ〟や」というのをリアルに知ってもらうために、世界中を回って飲食関係者や一般の人向けのさまざまなワークショップ、講習会を開きました。少なくとも二五か国以上は訪問したと思います。

それから、「うまみの文化」を広げるために、ヨーロッパのシェフ連中を継続的に日本に呼んで研修、スタデイをしてもらいました。

こうした活動によって、以前は「ボニート」と言っていたのが、きちんと「カツオ(鰹)」と言うようになった。前は「シーウィード」と言っていたのが、皆、ちゃんと「コンブ(昆布)」と言うようになった。「昆布が根付いたな」というわけです。

そして、京都での「修業」で「昆布」や「鰹節」の扱いを覚え、「うまみ」の出し方とその魅力、生かし方を理解し身に付けたヨーロッパのシェフ達が、各地のレストランでトップシェフになっていく。そうした過程のなかで、弟子達に「お前ら、うまみを知ってるか」という形でトップダウンしていく。伝えていく。

いま、ヨーロッパの三つ星のレストランのほとんどが昆布を使っています。こういった現況を見ると、「うまみの世界標準化」計画は、成果を得た、成功したと言ってもよいのではないかと思っています。

料理は常に新しい

さらに、「うまみ」の世界はどんどん新しい地平を広げているようです。

ニューヨークのデイビッド・チャン。いま、ニューヨークで一番人気があるレストラン「モモフク・コー（Momofuku Ko）」の創業者ですが、彼は豚の後ろ脚、あのハムを作る部位を乾燥させたものと野菜で「出汁」を取っていました。これなどは、グルタミン酸とイノシン酸で「うまみ」のある「出汁」を取る一つの方法です。

もっと有名な料理人で言えば、「ノーマ」のレネ・ゼレピ。いま、世界のトップシェフと言われている彼などは「いずれ、うまみをコントロールすることがイコール料理を作ることになるであろう」と言っています。

つまり、「うまみ」の量を増やしてオイルの使用量を下げる。そうしても料理レベルの満足度は一緒やということがわかった。そうして、「うまみ」のリアルを摑《つか》んだトップシェフ達が「この俺がそう言うてるんやで」と弟子たちに教えている。これが、世界の料理人の現況です。

　このレネは北欧デンマークの男ですが、コペンハーゲン大学とかと一緒に研究を続けて、料理の新しい世界を開拓しています。

　たとえば、トナカイの後ろ脚を冬中「緩慢冷凍」して、彼らが春に仕事を始める頃までにカチカチにさせておく。一方で、大学と共同研究してグルタミン酸を抽出できる海藻を探し出してきている。そして、カチカチの冷凍トナカイ肉を削ったものとその海藻を一緒に使って、出汁を引いている。

　これなどは、まさに北欧版の「鰹節」と「昆布」の世界。あるいは、「うまみ」のデンマークバージョン。その味の付いた「出汁」を焼いた魚の上にかけて、オリーブオイルを滴々とやっている。世界の料理雑誌には、「この彼の料理はすごい、これ以上軽いソースはない」と書いてあるのです。

「へえ、レネがなあ。で、どんなソースを作るんやろか。一度見に行ってみよか」などと言いながら、「木乃婦《きのぶ》」三代目主人の髙橋拓児《たかはしたくじ》君と二人でコペンハーゲンまで出かけました。そして出会った、例のカチカチ冷凍のトナカイ肉と北欧の海藻で引いた出汁をかけた魚料理。この出汁が、世界の料理雑誌が「これ以上軽いソースはない」と絶賛するほどのものかいなと、僕は首をかしげた。高橋君も、

「何か、夕立に遭った焼き魚みたいな……」

「飛行機に乗ってこれを食べにきたかと思うと、アホらしくなってきたな」とか言いながら、二人で顔を見合わせておりました。

歴史的に見ると、彼らフレンチのシェフ連中は、自分たちの料理の新しい世界を求めて、インド、タイとやってきた。一時期、フランスに行って食事をしていると「え、またトムヤンクンが出てきたで」みたいな感じで、タイのトムヤンクンを一度分解してそれを再構成した料理が流行っていたことを覚えています。

そうやって、インド、タイと順番にやってきて、最後にたどり着いたのが、日本、京都だったわけです。

逆に言えば、彼らは、日本より先に行くところがない。日本が最後の砦。そして、そこで、「うまみ」に象徴される日本の料理というものが、いままで知っていたものと何もかも全部違う、物の見方、素材の捉え方も違うということを理解したということでしょう。

まあ、そういうわけで、五つ目の味覚「うまみ」は、世界の料理人のなかで定着し

ました。そして、その基礎を学びたい、「うまみ」の本質をしっかり身に付けたいということで、多くのフレンチのシェフ連中が京都に来るようになりました。

すでに名のあるシェフも、もっと「うまみ」の世界を深めたいと言って、「菊乃井」にもスタディに来ます。もちろん、我々の方も「負けとられんで」ということです。

二〇年たったら人の「好み」は変わります。いまをときめく「ノーマ」のレネの料理も、へえ、そんな人がいたんだと言われることになるかもしれません。

私らが二〇代、三〇代前半の頃、「フォアグラは肥大したガチョウの肝臓らしいけど、そんな気持ち悪いものを食べたくないよな」と言ってました。その後食通の間で大ブームになった時代を経て、いまになったら、フォアグラはカロリーが多いからできるだけ食べないようにしているという人がいる。

トリュフというのは西洋の松露《しょうろ》で、ええ香りがするらしい。どんなもんやろうなとはじめて口にした時の感想は「何やこのゴムのへたみたいなもの」でした。そのトリュフも、いまでは当たり前になりました。

明治維新の頃の大根はむちゃくちゃ硬くてクセのある野菜やったそうです。でも品種改良が進んだいま、ヨーロッパのシェフ達は「生で食べて、フルーツみたいでジューシーだ」と言う。同じ大根という名前でも、まるで違う食材です。

時代が変われば素材も変わる。人も変われば好みも変わる。

こうなると、伝承してきた技というのは当然意味を持たなくなります。技術というのは、時代によって、素材によって、変わるものです。でも長い間、昔からこれはこうやるもんやと言って受け継がれたものも多かった。たとえば大根は米のとぎ汁で湯がいて、水でさらした後、追いがつおした出汁で炊いていた。結局、これは、ただ単に出汁の立方体になっているということ。

いま一番いいのは、そのまま出汁で直接炊いてしまう。それでも味が薄いようだったら、おろした大根の搾り汁みたいなので大根を炊く。それなら大根がもっと大根らしくなる。大根のような基本的な食材でも、このように新しい料理方法が常に要求されています。

料理は常に変わっていく。料理は常に新しい。このことをいつも心の底に置いておきたいと思います。

第三章

料理人修業「青春篇」

いざフランスへ、「ぼん」の旅立ち

私は京料理の料亭「菊乃井」の三代目ですので、これまで紹介してきた、いわゆる「京都のぼん」の一人というのは間違いありません。ですから、物心ついた時からずっと「お前が跡継ぎやからな」と言われて続けてきたわけです。

特に、祖父、おじいさんが事あるごとに「跡はお前やねんで」と一生懸命言うてました。私自身は孫にそういうことは絶対言わんとこうと思っているのですが、さて、どうなりますことやら。

ともあれ、そういう育ち方ですし、実際、他のきょうだいとは違う扱いをされていましたから、「跡、継がないかんのやな」という気持ちは早くから自然と持ってました。

店の人らも「跡継ぎ息子や」ということで小さい頃から特別扱いしてくれるし、思春期もそのまま育ってきた、という感じです。ですけど、やっぱり、そのことが何か重たい。そういう意識もどこかにずっとあって、それが大学生の頃になると、何とかここから逃げられないか、という気持ちにまで高まっていたんですね。

大学は立命館に行っていたんですが、三回生ぐらいになると友達も就職の話を盛んにし始めて、だんだん遊んでくれなくなる。そういう状況に直面した時に、改めて俺はこのまま卒業して、親父の跡を継いで料理をやるだけの人生かな、と思うと突然嫌になってきた。

とは言え、そこは「ぼん」ですから、サラリーマンになって人の言うことを聞いて、自分がやりたくないことをやらされるのも嫌やなあ、間尺に合わんことでもやらんといかんというのはかなわんなあ、下げたくない頭を下げるのも嫌やし、とか、アホなことをうだうだと考えていたんです。

そうしたなかで、卒業も間近になってきた一九七二年、「そうや、フランスに行ってフランス料理の料理人になろ」と、思い立ちました。いまから考えると、料理人にはなるけど京料理ではない、というのは、「跡は継がなくてはいけないだろうが、そのまま跡は継ぎたくない」というねじれた気持ちの一つの答えだったのかもしれません。

ただ、現在と違って、当時の京都で「フランス料理」と言えば「ぎをん萬養軒《まんようけん》」しかありません。しかも、「ぎおん萬養軒」に連れて行ってもらえるのは、誕生日とかの特別な日だけ。ですから、京料理の料亭の子でも、「フランス料理」にはスペシャル感がありました。

しかし、これもいまから半世紀も前のことですから、コキールとかグラタンとか、そういうメニューです。フランス料理というよりも洋食ですよね。

「フランス料理」と書いていましたけれども、いまから考えたら「エビフライのあるフランス料理というのは何だ」みたいになるかもしれません。でも、そういうものを食べても、その頃は「やっぱりフランス料理はうまいなあ」と思っていた。何とも懐かしい話です。

一方で、日本料理は見飽きて、食べ飽きている。もう、刺し身やら天ぷらやら、日本料理をやってる場合やないな。フランス料理の方がええな。

そう考えて、思い切って「もう、日本料理やなくてフランス料理をやります」と親父に言いました。そうしたら、親父からは、即こういう返事が返ってきた。

「お前なんて当てにせえへんからな。お前の妹も二人おるし、弟もおるから、別にお前に跡を継いでもらわんでもかまわん」

「嫌な人間に継いでもらってもろくなことないから、好きにしたらええわ」

「その代わり、お前、フランス料理をやるんだったらフランスに行け。京料理をやるために皆京都に修業に来はるやろ。そやから、フランス料理をやるんやったらフランスに行け」

「明日、金用意するからさっさと行け」

親父、ちょっと待って、明日はちょっと待ってという話。

おふくろはおふくろで、隣の部屋で聞いていて、「そんなあんた、英語もろくにしゃべれんのに、フランス料理や言うて、どないするの。お父さんに謝りなさい」とか言うてかんかんに怒ってる。

でも、そんなもの、一回言うたことは引っ込みがつきませんから、「ほな、行くわ！」と言うて、当時の「スチューデントフライト」に飛び乗った。

二一歳の旅立ちです。

パリの安ホテルの屋根裏部屋

飛行機便は「エールフランス」か何だったか忘れましたが、とりあえず「南回り」

で二四時間ほどかけてパリにたどり着きました。

いまの人にはこの所要時間は信じられないかもしれせんが、とにかく安いので若者がよく使った「南回り」便。香港やインドのニューデリーに立ち寄って給油しながら、「各駅停車」感覚で飛んでいく。各地の空港を飛び立つたびに機内食が出る。これがありがたかったことを思い出しますわ。

やっと着いたパリははるばる感もあって、やっぱりうれしかった。しかし、そうやってやってきたパリ、フランスではあるけれど、何の当てもない。紹介も何もない。おふくろの言う通り、「あんた、どないすんの！」状態です。

単に、行ったら行ったで何とかなるやろ、で来てるだけ。まあ、この辺が「ぼん」のいいところと言いますか何と言いますか、「スチューデントフライト」は到着当日の宿泊付きですが、もう明日は泊まるところもない。

仕方がないので、シャンゼリゼ通りをぶらぶら歩いていたらありがたいことにＪＡＬのパリ支店がありました。もう、ここにすがるしかない。

「すみません、日本から来た者です。ＪＡＬに乗ってきたわけではないんですけれども、どこか泊まるところを紹介してもらえませんか」

こんな不躾《ぶしつけ》なお願いでも、当時のＪＡＬパリ支店は対応してくれました。日本大使館よりよほど心強かったと言う人を何人も知っています。

「何泊ですか？」

「半年ほど」

「何しに来たんですか？」

「いや、目的はないんですけど」

「いくつですか？」

「二一歳です」

まあ、「お前はアホか」みたいなやりとりですけれど、地上職員のお姉さんに「じゃあ、こっちにいらっしゃい」とか言われて、事務所に連れて行かれて、泊まるところも何もなしで、何をするという目的もなしに来たことに、温かいお説教をいただきました。

そして、ちょっと待っていなさいと言われて、ホテルに電話してくれました。ありがたい話です。

ＪＡＬのお姉さんが取ってくれたのは「ヴァヴァン」というところにある若者向けの安いホテル。一泊一〇フラン。一〇フランは当時のレートで六〇〇円。そこの一部屋を半年という約束でお願いしますということになりました。

ほんとに、そのお姉さんがいなければ、いま頃、村田吉弘はどうなっていたのかな、といまもときどきこの時のことに感謝しています。全く、冷や汗ものです。

お礼を言い、三〇キロほどのリュックをよいしょと背負って、何とかヴァヴァンのホテルにたどり着きました。ヴァヴァンの交差点はその昔、エコール・ド・パリの時代に芸術家が集まったところですが、当時はそんなことも何も知りません。

ホテルで案内された先は、らせん階段の上の屋根裏部屋。多分、その安ホテルの中でも、一番安い部屋だったんだろうと思います。

色黒、ギョロ目の薩摩の男

普通は「パリに着き、ホテルで旅装を解いて」とか言うところですが、部屋に入ってリュックをどんと置いただけ。花の都パリ、どころではありません。

少し落ち着いて周りを見ると、このホテルには屋根裏部屋が二つあって、私の部屋の向かいの屋根裏部屋には、私と同世代の若い男が入っていることがわかりました。

それが、どうも日本人らしい。

色黒で、目がギョロッとしている。歌を歌っているのが聞こえてくる。それがどうも薩摩弁のような感じに聞こえる。やっぱり日本人やな、と思って、休みの日に部屋にいることを確認してドアを叩いてみました。

ややあ、ということでいろいろ話をしながら、「あんたは何しにパリに来てるの?」と訊くと「フランス料理を勉強しに鹿児島から来た」とのこと。そして、何と、彼は帰りの飛行機代を持っていないこともわかりました。完全な「片道切符」。

「それで、いま、何してるの?」と訊くと、「毎日、雇ってくれるところを探しているんや」という話。そりゃ、大変やなあ、こっちはお金だけはそれなり持っているけど、こいつ、飯食えてんのかあ、などと思いながら、さらに話を進めると、彼の日常がよくわかってきました。彼のパリでの一日の行動は、こういうことです。

毎日、朝七時半頃に部屋を出る。何か風呂敷包みを抱えて、らせん階段をダダッと下りる。私はいわゆる「プータロー」ですからまだ寝ていて、彼が駆け下りる音を「うるさい奴やなあ、もう」とか思いながら聞いている。

彼の方は、狙いを定めたレストランに着くと、すぐに裏口に回ります。ほとんどのレストランは表はきれいで華やかですが、裏には中庭があって、そこに裏口が付いているので、そこから庭に入って、やおら持参の風呂敷包みを開く。そこに何が入っているのか。白いコックコートなんです。

そうして彼は「自前のコックコート」に着替えると、勝手に厨房に入って、勝手に皿洗いを始める。つまり、彼はそのレストランに雇われているわけでもないのに、勝手に厨房に入って、勝手に皿洗いをしているわけです。押しかけ皿洗い。「フランス料理の勉強や」言うても、これは文字通りの裏口入学ですわ。

この大胆不敵な行動を敢然としてやってのける「片道切符の薩摩男」の名前は、「上柿元勝《かみかきもとまさる》」と言いました。

そうです。これが、あの元ハウステンボスホテルズ総料理長で、現在、日本を代表するフレンチ・シェフの一人と言われるようになった上柿元勝君の若き日の姿です。

勝手にレストランの裏口から入り、自前のコックコートを着て、勝手に、そして必死に皿洗いをする。こういうことは他の移民の連中もやっていたようで、上柿元君は必死で彼らと厨房の雑用の取り合いをしていたわけです。

こうして、ランチが終わった時間帯あたりで、はじめてコックとか、運が良ければ支配人に気づいてもらえる、かもしれない。運良く、「お前、うちのスタッフじゃないようだが、誰や」と言われたら、そこですかさず覚えたてのフランス語で「雇ってくれ」と頼む。

「あかん、そんなのいまいっぱいやから、雇えへんわ」と言われたら、今度は「それじゃ、まかないだけ食べさせてくれ」と言う。すると、大体のところが「まあまあ働いたようやから、まかないは食っていけ」と言うてくれる。

まかないを食べさせてもらうと、次はそこで、「まかないだけでいいから、夜まで働かせてくれ」と言う。そうすると、これも大抵は働かせてくれる。

そこで頑張って一生懸命働くと、「お前、よく働くな」という話になって、「うちはいっぱいやけど、他の店を紹介してやるさかい、ここに行ってみ」と言うてくれることがある。

「メルシーボクー」とか言うて他の店に行く。でも、「あかん」と言われる。そうしたら、また、皿洗いでも雑用でも何でもやるから昼のまかないを食わせてくれ、よかったら晩のまかないも食わせてくれ、というパターンをお願いする。

こういうことを、上柿元君は毎日やっていた。当時のパリで、紹介状なしの「飛び込み料理人修業」のリアル。ほんまにすごい。

彼はこうした苦学苦闘のあと、フランス料理のカリスマ「アラン・シャペル」の厨房に入り、一流シェフへの道を歩み始めます。

「これ、全部チーズや」

一方、私の方は彼の話を聞いて、めげました。何しろ、京都の料亭の「ぼん」ですから、「それは俺には無理や」とすぐに思いました。

それまでの生き方からして基本的に上から目線ですから、どこか就職先とか言っても、「俺が気に入ったところに就職しよう」などと考えていたわけです。

ですから、「俺が気に入ったレストラン」を見つけるには、とにかく「どこかのレストラン」へ行かないといけません。見学といいますか、偵察といいますか、様子見と言いますか、ともかくその店に入らないとどうにもならない。

毎日節約はしていました。いまよりはずっと安いけれども、サンドイッチ食べてジュースを飲んで一〇フラン。およそ六〇〇円。ホテルの一泊分と同じ値段。そのサンドイッチも金魚の餌みたいな、何やこれ、というような代物。

何もかも、見たことのないようなものばかり。「これで半年は無理ちゃうかな」と、「ぼん」は早速弱気になっていました。

それでも、栄養はつけないかん、チーズを買おうと思ってホテルのおばちゃんに訊くと、その角を曲がったところにチーズ屋があると言う。そこに行って、「チーズをください」と言うと、「これ、全部チーズや」と言われた。

見たことがないんですよ、カビが生えたようなのとか、赤いのとか、青いのとか。「え、これがチーズ？」という世界。結局、プロセスチーズに一番近いのを買いました。チーズと言えば「雪印」のものぐらいしか知りませんでしたから、しようがない。

それでも、一応「フランスに来たからにはワインやろ」ということで赤ワインを買ったんですが、これが酸っぱいから、これ腐っていると思ってしまう始末。ワインは甘いもんやなかった。

そうして、せっけんみたいなチーズを食うて、腐っているかもしれないけれどもワインはアルコールやから大丈夫やろうと思って、その酸っぱいのを飲みながら、ワインとパンとチーズでしばらく過ごしていたわけです。

これでは「レストラン訪問」どころではありません。それでも、何とかかんとか街歩きをしているうちに、「いい発見」がありました。ソルボンヌ大学（通称。旧パリ第四大学）の学生食堂、いわゆる「学食」です。

ソルボンヌ大学の「学食」が二フラン。一二〇円ほどの感覚。これは安い。でも、その代わり、学生証を見せないと食券を売ってくれないんです。

さて、どうするか。ちょっと様子を見て、フレンドリーな学生が買う時に「一緒に買って」と頼む、という方法にたどり着きました。

一応、ヨーロッパ系の白人の学生にも頼んでみたけれど、オールアウト。でも、アジア系やアフリカ系の留学生は「ええよ」と言って、二フラン渡すと、一緒に食券を買《こ》うてくれました。それを持って入って、プレートを持って順番待ち。これで、自分の好きな食べ物を取れる……。

メインでもチキンかビーフかみたいな話で、さすがフランスや、学生でもえらいええもん食べてんのやな、と感心しました。

私らの「学食」と言ったら、カレーとかきつねうどんぐらいしかなかったのに、こっちは最後にりんごがあったり、デザートまで付いているわけです。

これで一日一食はここでいける。朝はコッペパンをかじっておけばいい。こうして、私のパリ生活の基本パターンが何とかでき上がったのでした。

「ノン」と何度も追い返されて

そうしてソルボンヌ大学に出入りしているなかで、私らと違ってきちんとした形で来ている日本人留学生とも知り合いになれました。彼らは世間の常識もよう知っているので、「評判の良いレストラン、知らんか?」と訊いてみることにしました。すると、即答で「まあ、いまはここところかな、ミシュランの星も付いてるし」などと言う。私はと言えば、ミシュランも星も、何のこっちゃ、というレベル。よくこれで「フランス料理、やりたい」とか言っていたものです。

ただ、「ぼん」は行動だけは早い。「よしっ」というわけで、早速、何がしかのお金をポケットに入れて、留学生に教わったレストランに出かけました。

しかし、「ぼん」は店に入れてもらえません。言わば「門前払い」。何でやと訊いても「ノン」という冷たい言葉が返ってくるだけ。

もうちょっと詳しく訊いてみると、それなりの店、レストランに入るには「ドレスコード」というものがある。Tシャツにジパンでは入れないんや。そういうことがわかりました。「ぼん」は何も知りませんでした。

でも、ここでも「ぼん」は切り替えが早い。

それならば、ということで、日本に帰る時に着て帰ろう、土産にしようと思って買ってあった冬物のバーバリーのジャケットを取り出して着用。季節は夏ですけれど、ままよ、出陣、であります。

ところがところが、またまた「ノン」という対応。今度は何や、と訊くと、「リザーブして来い」と言う。

それはそうやな、料亭でもそうや、予約せんといかんわな、と得心して、今度は「リザーブ」を入れておいて、「ジャケットを着て」、もう一度訪ねたら、「また来たか」という顔をしながら、やっと「どうぞ」ということになりました。

さて、ギャルソンに案内されて着席。メニューを見るという段取りになったわけですが、これがさっぱりわかりません。

「前菜　スープ　ポアソン　メイン」とか書いてある。そして、それぞれの項目のところに料理名のようなものがいくつも書いてある。日本料理の献立の前菜は何、煮物は何、焼物は何というふうなものとは、もちろん違う。

しかも、前菜のところにも、メインのところにも「鴨の〇〇」と書いてある。ただ、似たような「鴨の〇〇」でも当然のことながら前菜の方が安い。ですから、こっちにしよ、と思って「前菜のこの鴨の〇〇を頼む」と言うと、ギャルソンが「これだけか？」と言う。そして、それだけではダメで、

「メインと併せて二皿頼みなさい」と言う。

（え、一皿だけじゃダメなのか……。）

「アイム　スチューデント。貧乏学生なんですよ、お金がないんです」と訴えると、

「それではメインの一皿だけを頼みなさい」というギャルソンの指示。

私は、「こいつ、なめとんのか！」と思いましたよ。高い方を食べさせようとしているな。でも、まあこの店で何とか食事をしたいと思ったら、そのメインのほうの「鴨の〇〇」を頼まないとしょうがない。そう思い定めて「これを」と言うと、今度はメールドテール（サービス主任）がこんなことを言いだした。

「あんたは、これまで何回か、この店を訪ねて来ては帰っていっただろう。そして、懲りずにまたこの店に来てくれた。それはうれしいことだから、今日は私が前菜をプレゼントしようと思う」

びっくり、です。さらに、私と彼のやりとりがシェフに伝わると、今度は何とシェフがデザートをプレゼントしてくれたんです。

彼らにしてみたら、二〇歳そこその子どもみたいなのが、アジアの端っこからパリにやって来て、言葉も通じないのに、わざわざこの店を訪ねて何回も来てくれたんや、と思ったんでしょう。

「フランスはええ国やな」と思いました。

メルシーボクー。「ぼん」は素直に感激します。

「鴨のオレンジソース」、うまいわ！

こんな、言わば手探り状態から始まった私のパリ・プータロー生活でしたが、徐々に慣れてくると、こちらのレストランではどういう料理が流行っているのか、といったようなことも、何となくわかるようになってきました。

たとえば、メイン料理では「鴨のオレンジソース」。これは当時、本当にどこに行ってもと言っていいくらい出た料理。とは言え、あくまで聞いた話で、そんな料理を私が知っているはずがありません。というよりも、鴨にオレンジのソースを合わせるなど、当時の私には想像もつかない料理でした。

「鴨のオレンジのソース」、どんなやろうな。きっとマーマレードみたいなのが上にのっているんだろうとか、何となくイメージしているだけです。

鴨と言ったら鴨ロースか、金沢名物の治部煮《じぶに》か、鴨鍋か、そんなものしか頭に浮かばないし、オレンジのソースと言われても、「オレンジはフルーツやん。そんなもんでソースを作ってうまいわけがないよな」と思っているわけです。

そういうことですから、実はこの「鴨のオレンジソース」はずっと実食を避けていました。しかし、どのレストランに行っても、いま評判の「鴨のオレンジソース」と書いてある。しょうがない、一度食べてみるか、ということになりました。

出てきた一皿は、やっぱり鴨の上にザッとマーマレードみたいなのがかかっている。「うわっ、思った通りや。損したなあ。これで一食アウトや」と思って食べたら、これがうまいんです。いやいや、びっくりしました。はじめての味でした。

その頃は、フルーツはフルーツ、野菜は野菜、それぞれの献立というのが当たり前で、フルーツと肉が一緒になることなど思ってもみませんでしたが、現実にこれを食べて、えらいショックを受けました。

私らは、鯛《たい》を見たら、あら炊きとか酒蒸しのことしか考えてへんし、鴨を見たら、鴨ロースにするとか、治部煮にするとか、それしか考えてなかった。素材を見た時点で料理方法が勝手に決まっている、そんな固定観念がありました。

ですから「鴨のオレンジソース」は、まあ、カルチャーショックですね。それも大ショック。そういうことがあってから、またソルボンヌ大学に行って「学食」で食べていると、日本語をしゃべれるフランス人学生が近寄って来た。

「お前は何しにフランスに来たんや」

こう訊くので、「フランス料理を勉強しに来たんや」と返すと、こんなことを言いました。

「俺は、日本料理というのは、スシもソバも食べたけれど、炭水化物ばっかりや。あれでは日本人は栄養失調になるぞ」

私は、ムカッときて、こう言い返しました。

「そんなことはない。日本料理にも懐石というものがあって、これはコース料理や。文化的なクオリティーはフランスの料理と変わらへんと思うで」

すると、そのフランス人学生は、次のように断言しました。

「そんなコース料理で文化的なクオリティーの高い料理なんて、世界広しといえどもフランス料理以外にあるわけがない。日本にそんなものがあるわけがない。懐石なんて食べたことがない。お前は嘘つきや」

その学生も二〇歳そこそこですから、懐石料理を食べたことがないというのはしようがない。しかし、「お前は嘘つきや」と言われたら勘弁ならん。

その時に「もういっぺんここへ戻って来て、彼らに日本料理をきちんと認知させたい。やったるわ！」という思いがふつふつと湧いてきたのを覚えています。

離乳食は「子羊の脳みその塩茹で」

「鴨のオレンジソース」と「嘘つき呼ばわりされたこと」、この二つが、それ以降の私の人生のスタートだったかもしれません。

この時に、私にとってもう一つ「事件」がありました。

学生街のカルチェラタンの近くにリュクサンブール宮殿とその庭園があって、そこがリュクサンブール公園というパリ最大の公園になっています。パリ市民の憩いの場です。

当時の私はパリのプータローですから、その公園のベンチに座って本を読んだりしていたわけです。

そんなある日のこと、横に座ったお母さんが赤ちゃんに何か「白い、ぐちゃぐちゃしたもの」をあげているのを見たのです。離乳食ですね。

「ひょっとしたら、豆腐ちゃうか」と思った私は、そんなことあるわけがないのですが、パリのどこかで豆腐が売られているのなら買って食べたいな。そんなことを一瞬考えたのです。

そこで、そのお母さんに「それは何ですか」と率直に訊いてみました。すると、意味のわからない言葉が返ってきた。はじめて聞く、皆目見当のつかない言葉。

そういう時は、これに限る。早速「仏和辞典」を広げて、お母さんに指さしで教えてもらうことにしました。そこでわかったこと。赤ちゃんに与えていた豆腐をぐちゃぐちゃにしたような離乳食は「子羊の脳みその塩茹で」。そう書いてありました。

「えーっ、こんな小さい時から、子羊の脳みその塩茹でなんか食べているんだ」と、ある意味、感心し、感動しました。「私ら、離乳食って言うたら、おかゆしか食べてへんやん」ということです。

一瞬置いて、こう思いました。

ああ、一生こいつらにフランス料理で勝てることはないのかもしれんな。一生こいつらの尻を見ながら、こいつらの真似《まね》した料理を作るのは嫌や。最初から一番になれないものに一生をかけるのは嫌や。

先の「鴨のオレンジソース」やソルボンヌ大学でのフランス人学生とのやりとりに加えて、このことも、私にとっては「大きな事件」でした。

ちょうど同じ頃にパリに来ていた「オテル・ドゥ・ミクニ」の三國清三君みたいに、「フランス料理のジャポネーズ化を考える」というようなことは私にはできなかった。それよりも、パリの数か月でこれやから、ヨーロッパ中を回ったら、どれだけ知らんことがあるんだろうという思いが募りました。

いっぱいいっぱいあるであろうその「知らんこと」をこの目で見ておきたい、この耳で聞いておきたい……。

それからまた三〇キロのリュックを担いでパリを出て、足のむくままにヨーロッパ中を旅して回ったんです。

パリを出て、まず南下。スペインのマラガにたどり着きました。地中海に面した典型的な南欧のリゾートでピカソが生まれた港町。ジブラルタル海峡への起点にもなっています。

この町は、リゾートとしては物価が安く、朝夕食事付き一泊でおよそ一五〇〇円。結果、長逗留《ながとうりゅう》することになりました。

ただ、物価は安いけれど、めちゃくちゃ暑い。屋根の鳩が熱気で落ちてくるのを見たほど。

スペインですから闘牛場もあるけれど、こっちは闘牛見るより牛を食べたい方。いつもおなかをすかしながら、歩き回る日々。

そうして、とうとうヨーロッパの西の果て、ジブラルタル海峡までやって来た。さて、この海峡を渡るか渡らへんか、村田吉弘、どうするんや、と考えていたのでした。

バナナを失敬したり、教会の軒下で寝たり

ヨーロッパの果て、ジブラルタル海峡。海峡の向こうは北アフリカのモロッコ。さて、どうするか。渡るか、引き返すか。

そうした時に、向こうから日本人らしい旅行者がやって来ました。「向こうはどう

や」と尋ねてみると、「あっちへ行ったら、一日三〇〇円で暮らせる」と言う。ただし、こんな感じやけどね、という話が続きました。

「黒い食べ物やと思って手を出そうとしたら、蝿《はえ》がブワッと飛んでいって白い食べ物になった。それを茶碗みたいな器にべちゃっと入れて食べる。それが食べられるのなら、まあ、大丈夫や」

これを聞いて、海峡を渡るのはやめました。私は、多分、その「黒い食べ物」は食べられない。

そこから、イタリアへ。ところが、その頃ローマでいまのコロナのような疫病が流行していて、これはいかん、ということでその日のうちに汽車に乗ってスイスに避難。夜が明けたらアルプスの麓のミューレンに着いていて、一気に涼しい夏になりました。ただ、スペインなどは特にそうでしたが、ヨーロッパ中を回ってわかったのは、結局何時に汽車が来て何時に着くかわからへん、ということ。

日本ならば、新幹線を代表としてうるさいぐらいに放送があるけれど、あんな丁寧なアナウンスは向こうでは全く期待できません。勝手に来て、勝手に発車して、という感じ。ですから、違う列車に乗ったらどうしようもない。遅延も一時間ぐらいは平気です。

旅のなかでお金を下《お》ろす都合があるので、一応、銀行が開いている時間に目的地に着くような予定を立てます。でも、なんぼ何でもそんなには遅れへんやろうという予定が、まあ、よく外れる。えーっ、そんなに遅れるの、というのが、けっこうある。列車が遅れに遅れて、目的地に着いてもとっくに銀行は閉まっている。お金が下ろせない。まいったな、お金ないし、何にも食べられない。そうこともありました。

たとえば、ドイツに行った時のこと。

その日も先のような事情で金欠・食事なし状況。しょうがないので町の公園のベンチでじっとしていると、向こうでおばちゃんが屋台の上にバナナを山のようにして売っていた。ちょっと見ると、その屋台の下にバナナが一房落ちている。おばちゃんに気づかれないようにこっそり近づいて、そうっと手を伸ばして、それをもらって来て食べました。

まあ、泥棒ですね。孫には言えない話です。

ヨーロッパは野宿していたら危ない。ですから、宿がない時は教会へ行き、教会の入り口の屋根の下でうずくまって寝る。そこは安全ゾーンだろうと考えたんですね。朝早く、教会の牧師さんが出て来てびっくりされたんですが、何やらわからんことを言いながら、取りあえず牛乳を飲ませてくれる。そんなこともありました。

そんなこんなの貧乏旅行ですが、一度だけ、ちょっと贅沢《ぜいたく》をしてみました。「エーゲ海クルーズ」です。「憧れの」という枕詞《まくらことば》が付くクルージングですが、せっかくここまで来たんやから、ということで思い切って、いざ乗船！

もちろん、船底の一番安い船室。ちょうど、ホテルに泊まって周辺をうろうろするのにも飽きてきていましたし、船旅だと朝昼晩の食事が付くので楽やしな、ということで決めました。

とは言え、さすがに「憧れのエーゲ海クルーズ」、食事の際は乗客の皆さんもほとんど正装してはる。そのなかで、私らTシャツ組は端の方の別席みたいなところに座らされました。「エーゲ海クルーズ」には船長主催のディナーがあって、そのプログラムのなかに「ダンスタイム」もある。外国人はみんな喜んでダンスを楽しむわけですが、普通の日本人はこれが一番苦手。

ダンスタイムの日本人客はどうなるか。いわゆる「壁の花」。壁際に何となく集まって、それとなく時間が過ぎるのを待っている。クルージング流行りのいまは違うかもしれませんが、五〇年前の日本人は、そんな感じでした。

もちろん、私もダンス、できるわけではありません。でも、この光景を見て、これじゃダメだ、と思いました。これじゃ、国際化なんかできるわけがない。そして、この状況は、日本料理も同じじゃないか、と思い当たりました。

ソルボンヌの学生に「日本料理は炭水化物ばっかりや。フランス料理のような文化度の高い料理があるわけがない」と言われて、「何を吐《ぬ》かすか。いまに見とれよ、日本料理を世界の料理にしたるわ」といきり立ってみたものの、このクルーズでの光景を見せつけられて、改めて日本文化の国際化の難しさを実感させられました。

武者修行のようなヨーロッパの旅のなかで、久しぶりに「日本人の実態」に遭遇して、自分の課題の難しさを思い知らされた、というわけです。

そういう意味でこの「エーゲ海クルーズ」も忘れられない思い出となっています。

外国人に気後れしなくなった

「スチューデントフライト」は、半年の観光ビザでの特典ですから、行きと帰りの日程が決まっています。最初からそれは承知のうえ。

つまり、この時の私のフランスの旅は、「フランス料理の勉強」という名目の就職先探し、仕事探しの旅で、その半年の間で就職先を決めていったん日本に帰り、ちゃんと荷造りをしてまたフランスに来ればいいと思っていたわけです。

それが、最初の二、三か月で「日本料理をやろう！」と決心したのですから、これはもう、親父の目論見《もくろみ》通り、かもしれません。

結局、何やかんや言っても私は「日本料理を作る男」で、いつもそういう視点でフランス料理についても見ていたということでしょう。

ただ、知識不足も甚だしいというのは事実で、その頃はフランス料理も「ヌーベルキュイジーヌ（新しい料理）」の時代に入っていたと思いますが、その担い手であったポール・ボキューズもアラン・シャペルも全く知らない。

確認できたことは、自分が思っていたフランス料理と現地のフランス料理とはえらい違いや、ということ。何しろ、コロッケもハンバーグもないんですから。つまり、「洋食」とフランス料理とは違うものだというところからの始まり、なんですね。

フランス料理に限らず、たとえばイタリア料理と言えばスパゲティとピザ、そういう時代でした。

それと同じように、当時、海外で出会う「日本料理屋」というのも、私らから見れば「ええ、これが日本料理か？」という店がありました。鮨も天ぷらもラーメンも、全部ひっくるめて「日本料理」と謳《うた》い営業しているところもありました。

私がパリで拠点にしていたヴァヴァンの安ホテルの近くにもそういう「日本料理屋」があって、どうしてもときどきはその店に出かけることになる。やっぱり「恋しい味」というものがあるんです。それは、パリに旅立つ前におふくろが持たせてくれた梅干し。

その梅干しを隠し持って、件《くだん》の日本料理屋に行く。店では白いご飯と味噌汁だけを注文してもぐもぐしながら、合間に梅干しをそっと口に入れる。それを見つけた日本人店主がせこいおっさんで（どっちがせこいかわかりませんけど）、「おかずもちゃんと注文して食べろ」と言う。

こっちは貧乏学生やからこんなことしてるんやで。おおらかに見逃してくれよ、です。フレンチのレストランではギャルソンが前菜を、シェフがデザートをおごってくれたんですから、フランス人の方がよっぽど親切やなあと思いましたわ。

こんなこともあります。

おなかをすかせてリュクサンブール公園のベンチに座っている時、隣の果樹園にりんごの木があることに気がついた。幸いその木にりんごがなっている。これ、採って食べようと思って木によじ登っていたら、後ろから管理人さんにつかまって引きずり降ろされた。

ああ、これで「強制送還やな」と覚悟しました。つまらんことをしてしまった……。観念してうつむいていたら、その管理人さんがりんごがいっぱい入った袋を差し出して、これを持って行け、と言ってくれた。

ヨーロッパ人は子どもにやさしいから、私が子どもに見えたのかもしれません。でも、やっぱり、こういう本質的な親切は、一生忘れられない思い出になるものです。

いずれにせよ、この時の「半年のヨーロッパ武者修行」で、何びとであろうと外国人に対して気後れする、腰が引けるというようなことがなくなったのは確かです。

そして、言葉が通じる通じないは二の次で、コミュニケーションはできるということ、何でも買えるし、身ぶり手ぶりでも何とかなるということもわかりました。それに、どこでも寝られるようになった、ということも加えておきましょうか。

ですから、今日、明日にどこか行けと言われても、すぐ身軽に行けるようになりましたね。それだけでも良かったかな、と思っています。

第四章

料理人修業
「立志篇」

年下の「先輩」が出刃包丁で

「フランス料理の勉強に行ってくるわ」と宣言をしてパリに行った息子が、半年後、「やっぱり日本料理、やるわ」と言って帰って来た時、親父はどうしたか。

灰皿、ぶつけられました。

二〇歳を過ぎた大人がいったんこうやと志を決めて家を出て行って、半年で簡単に前言を翻して、出て行く時の理由と真逆の答えをシャーシャーと言いながら帰って来るとは、どういうこっちゃ！というわけです。

まあ、そんなふうに親父が怒るのもわかる。そらそうやと思う。灰皿ぶつけられてもしょうがない。でも、こっちの話もちょっと聞いてよ。

そんなやりとりのあとで、親父はこう言いました。

「そういうことで日本料理をやりたくなったというのは、ようわかった。その気持ちを忘れんとやったらええ」

「そこで、や。一回はこっちがお前の言うことを聞いてやったんやから、今度はわしの言うことを聞け」

何だか、親父の「計略」にまんまとはまったような気もしないではありませんが、ともあれ、こういう経緯で、私は名古屋の「か茂免《もめ》」という店に修業に出されることになりました。

この「か茂免」さんというのは、白壁町《しらかべ》(当時の町名)にある名古屋三大料亭の一つ。そこが明治生命名古屋駅前ビル(当時)最上階に「座敷があり、カウンターがあり、テーブル席がある料亭」を始めるということで、「そこで一から勉強させてもらえ」というのが親父の話の筋だったように思います。

一九七〇年代前半までは「ビルのなかの料亭」などというものはありませんでした。それを名古屋の名門料亭がやるという。

料亭ビジネスの新しい形。それをスタッフの一番下、料理人修業の駆け出しという立場から見せてもらえ。これが、親父からの無言のミッションだろうな、と理解して、名古屋に向かいました。

「か茂免」の厨房スタッフの一番下が私。スタッフランクで言えば、その私の上に、中学を出たばかりの一六歳の「子ども」が二人いました。この二人が、いきがったというのか、先輩風を吹かしたかったというのか、何かと私にアグレッシブに当たってくる。

彼らにとっては、京都の料亭の「ぼん」で、大学出で、フランス帰りらしいというのが、どうにも気に入らない。

私の方はまともに対応するのもアホらしいので適当に受け流していたんですが、ある日、彼らが更衣室のなかで出刃包丁を突き付けてきた。

「おいこら、お前な、京都の料亭の息子や思うてなめとったらあかんぞ」

「ここでは俺らの方が上やからな。俺らが先輩やぞ。わかっとんのか」

こんなことを一生懸命言う。でも、厨房以外のところで包丁使ったらいかんわ、お互いまずいわ、と思って、「はい、わかりました。すんまへん」と答えておきました。

こうして一番下のスタッフから「私の料理人修行」がスタートしたわけです。

汚油脂にまみれて

その「か茂免」には中央大学水泳部の元キャプテンをやっていた中野さんという人

がスタッフの年長者としていらっしゃって、その人が私らの「不穏な空気」を感じてくれたのでしょう。ありがたいアドバイスをしていただきました。

「村田な、あいつらを黙らそうと思ったら、とにかく奴らより早く出勤しろ」

基本的に「か茂免」は九時出勤ですが、中野さんは毎日八時に出勤している。店のなかでは一番早い。「俺は年寄りやから、皆より先にやっとかんといかんことがあるんや」と笑っているのですが、それよりも早く、つまり村田が店で一番早く出勤しろ。いま、自分が持っている店の鍵をお前に預けるわ。そんなことを言う。

では、そうして一番先に出勤してどうするのか。

一番先に厨房に入って、包丁を出して並べておくとか、干した布巾《ふきん》をきれいに畳んでおくとか、とにかく奴らがやることを先に全部やっておけ。こういうわけです。

さらに、もっとすごい、貴重なアドバイスもいただきました。

厨房に関わる仕事で、一番人が嫌がるのは何や。グリストラップ（業務用油脂分離阻集器）の掃除とか床溝の掃除やろ。それを、お前が自分の仕事としてやれ。

「わかりました。やってみます」

そう言ったものの、業務として使っているレベルですからドロドロのヘドロみたいな汚油脂が大量に溜《た》まっている。臭いもある。

私はマスクと手袋をしてグリストラップの掃除作業に取り掛かりました。しかし、すぐに中野さんから「あかん、あかん」という声がかかりました。そして、「見とけよ」と言うと、さっと上半身裸になって、ザバザバと汚油脂を掻《か》き出したんです。

「体なんか、洗ったら終わりや」と笑っている中野さん。

グリストラップの掃除をやらなければ、すぐに配水管が詰まり、それが悪臭のもとにもなってしまう。

つまりそれは「清潔さ」が身上の飲食店商売の、一番基礎の「清潔さ」を担う、非常に重要な仕事なんです。そのことを中野さんは、まさに身をもって教えてくれました。

「村田なア、これを毎日やって、周りの人が皆見ていて、すごいなと思ってくれたら、そこで認められたということや。それくらいやらんと、どこかの料亭のぼんが中途半端に来ているんやぐらいにしか思ってもらえんで」

その日から私も上半身裸になって、グリストラップの掃除に取り掛かりました。

「人に認められる」ということ

中野さんにいただいたアドバイスに従って、店一番の早出とグリストラップの掃除を続けていると、それまで「おい」とか「お前」とか言い、出刃包丁まで突き付けて脅してきた年下の「先輩」二人が、「村田、布巾と包丁、やっといてくれたんか」と言いだした。

そうやって次第に言葉を交わすようになり、一緒にラーメン屋に行ったりケーキ屋に行ったりするようになると「村田君」になり、まあ、これは言わんでもよいことですけど、私がそういった飲食のお金を出すようになると、「村田さん」になりました。

名古屋の「か茂免」さんを三年で卒業させてもらって、京都に帰ってから親父に「最初、こんな感じでいじめられてな」とか話をしたら、「お前が向こうに修業に行っている三年の間に、一六とかの子を全部まとめられへんようやったら、将来店なんかやっていけへんわと思ってた。そんなんやったら、もういっぺんフランスに行って物乞いやってきたらええわ、と思ってた」と言うてました。

人より早く出勤する。人の倍働く。人が嫌がる一番しんどいことをやる。こういうことから、「人に認められる」とはどういうことなのかを教わります。

あいつはすごい奴だなと思わんことには、人はなかなか認めてくれません。なめられて、あんな奴何もできへんでと思われたら、いつまでも、ずるずると、評価は何も変わりません。そんなことないで、よう頑張っとるで、というふうに言わせせんと話にならん。

親父は、私をフランスに行かせ、別の土地の店に修業に行かせることで「そういうこと」を伝えようとしたのではないかと思います。それができなければ跡を継がせることはできん、フランスに行って物乞いにでもなれ、と思っていたと言うんですから。

今度は私が「そういうこと」を次の世代にどう伝えていくか。それが私の大きな課題になっています。うちの店で言えば息子、養子に入ってくれた娘の婿さんに「そういうこと」を伝えていかなければなりません。

ただ、彼は東京でのサラリーマン経験もありますから、ものごとの理解度も深いし、気持ちの部分でも充分やる気が感じられる。私より優秀かもしれんな、と思うのは「親ばか」ということでご勘弁ください。

店に入った当初、ああせい、こうせい、と言ってもろくなことがありませんから放っておいたんですが、自分でまず「下足番」をやっておりました。あるいは、雨の降る日も雪の降る日も庭の掃除をしておりましたね。

皆が言うんです。

「大将、ええかげんにしとかなあきまへんわ。なんぼご養子や言うても、そないに雪降ってる日に下足番させたり庭の掃除させたりせんでもええんとちゃいますか」

そうした声に「いやいや、俺は何も言ってへんで」と答えながら、息子には「お前、戦略的に上手やな」と冗談めかしながら褒めておきました。

次は帳場。予約やらその日のお勘定やら、言わば料亭の表の最前線ですが、これももともと営業マンですからそつなくこなす。でも、早々にあんまり頼られるようになってもいかん。事務所の部門に行っても帳面を見て損益の具合がわかる。でも、これも「帳面が見られたらええねん。そこのシステムのなかに入ってしまうなよ」と、それだけ言っておきました。

その後、厨房に入って、もうかれこれ八年ほどになりますか。厨房は料亭の根幹ですから、そこで働くということに注文はありません。ただ、自分は経営者の方やという意識で冷蔵庫を開けて野菜やらの残品をチェックしたりしなければよいがな、とだけは思って見守っていました。でも彼は厨房に入って最初の三年間、何も言わんと黙々と働いていた。

娘には「そんな人がいたら、早《はよ》う言えよ」と結婚前には言うてたんですが、ほんまにええ人を連れてきてくれたと思っています。

客が一人も、来ない

さて、話を私自身の「若い頃のあれこれ」に戻しましょう。その前に、「フランス経験」なども踏まえたうえで得た、私なりの「日本料理」観を話しておきたいと思います。

世界のなかで見たら、「日本料理」というのは「極東のエスニカンが作るエスニック」以外の何物でもありません。それが日本にいるとなかなかわからない。わからないどころか、日本料理は世界に冠たる料理やというふうに思っているし、実は私もかつてはそう思っていたんです。

よく日本人は、世界三大料理は日本料理、フランス料理、中国料理やと言います。

たしかに、世界三大料理にフランス料理、中国料理は入ります。ただし、三つ目は、タイ人はタイ料理やと思っているし、韓国人は韓国料理やと思っている。

それと同じように、日本人は、世界の三大料理の三つ目は日本料理やと自分で言っているだけのこと。世界のほとんどの人は日本料理なんか食べたことがないし、何も知りません。

私がはじめて行った五〇年前のヨーロッパなどは、日本まで電話がつながるのに郵便局で三〇分ぐらい待っていないといけませんでした。大体、ヨーロッパの人は日本の国がどこにあるかさえ、ほとんど知らない。彼らが地図を見て「ここら辺やろ」と指さしたら「それは中国や」というようなこともありました。

そういう人達が、日本に文化度の高い、多彩な料理があり、懐石のような体系的な統一性のある料理があることなど知っているわけがない。想像すらできない。それは、当然と言えば当然のことです。

ヨーロッパで世界地図を見て、はじめて日本は極東やということがわかります。世界の端っこ。日本は世界の果てなんだということ。そこにあるのが日本料理。この認識を大前提にして、その日本料理を何とかしようというふうに決意した。これが私の「日本料理の料理人」としての第一歩です。

文化的なクオリティーにおいては日本料理はフランスの料理にも負けへん。それをきちんとした位置付けのもとに世界の人たちに認めてもらう。名実共に世界の三大料理にする。このことをライフワークにしようと思い、以降五〇年間、ずっとやっています。

フランスから帰国後、親父の指示で名古屋の料亭で三年間修業させてもらいました。そして京都に帰ってきたわけですが、当然のことながらうちの店、「菊乃井」は親父の弟子ばかり。これが何とも居心地が悪い。逆に言えば「特別扱いされるのは嫌や」ということで、出した結論が「自分の店をやる」。

親父に「金くれ。三〇〇万」と言うと、横を向いたまま「何すんねん」という返事。

「店をやる」

「それで、何でお前に金やらないとあかんねん。金なら貸してやるから返せ。三〇〇万、毎月五万ずつ返せ」

こういうやりとりがありましたが、毎月五万円返すぐらいは楽勝やろうと思っていました。

そうして、鴨川の向こう、高瀬川に沿った木屋町《きやまち》筋の四条下がったところ、そこに「菊乃井木屋町店」を開店。カウンターの店、いわゆる板前割烹《かっぽう》スタイル。七坪で七席の小さな店を、一人でやる、ということになりました。

二〇代半ばで、京都の大飲食街・木屋町に店を出す。どう考えても無謀な話です。でも、何しろ「ぼん」ですから、紛れもなく「ぼん」ですから、たかが三年ぐらいの修業で何でもできるつもりでいたわけです。

そして、「店を開けたら客は来るもんや」と思っている。

……誰も来ない。一人も来ない。一週間「ボウズ（お客が一人もいないこと）」というのもありました。世の中、そんなに甘くはなかった。典型的な「そりゃそうよ」の世界。

その時に、手に入る料理書という料理書は、和洋中を問わず全部読みました。客席に誰もお客さんがいないんですから、客席に座って、カウンターに本を積んで、それを片っ端から読み倒しました。何やっているんや、吉弘君、であります。

娼婦、男娼、鉢巻きのおっちゃん、会長

そんな「菊乃井木屋町店」の開店当時、暇ですから営業時間を夜中の二時まで延ばしていました。その頃のこと、近辺にはまだ「夜のご商売」の人々、世間で娼婦《しょうふ》、男娼と呼ばれている連中がけっこういたんです。

そういった連中が夜中の二時頃になるとうちの店にやってくるようになった。

そうして、「五〇〇円のさけ茶漬け」とかを注文してくれる。いつの間にか、毎晩、彼らの晩飯を作っているというような状況になっていました。

言ってみれば、その頃の「私の店」は、その連中の注文分しか売り上げがなかった。ですから、一日の売り上げが三五〇〇円とか四五〇〇円。

しまいには、酔っぱらった娼婦がトイレのなかで寝てしまう始末。内から鍵をかけているからどうすることもできません。朝、その女性が起きて出て来るまで、私はカウンターで本を読んで過ごしました。

こういう話をすると、「ほんまですか?」とか「信じられませんねえ」とか「小説

とか映画のワンシーンみたいですね」とか言う人もいますが、全部「ほんま」です。

ほんまの話、夜のご商売の人達の「人気店」でした。

私は、彼らを忌避することもなく、連中があれこれにぎやかにおしゃべりしている傍《かたわ》らで黙々と料理を作り、それとなく話を聞いていました。彼らには彼らの人生があって、彼らなりの精いっぱいの生き方をしているんや、ということがわかって、かえって親しみが湧いてきました。いまでもそんなことを思い出します。

お店に人をひきつける魅力があったとか、そういうことではありません。その時間まで開いている店はうちだけやった。そんな夜中にお茶漬けが食べられる店は他になかった。多分、それだけのことでしょう。

ただ、彼らに食事を提供し続けているうちに、彼らの方が妙にシンパシイを持ってくれたのは確かやと思います。

ニッカポッカを穿《は》いて、手ぬぐい鉢巻きをしたおっちゃんが入って来て、「これで酒飲ませてくれ」言うて、五〇円玉、ぽんとカウンターに置いた。「どうしようかいな」と思いましたけれど、「ほな、これで」と言ってコップ酒を出してあげると、それをぐっと飲んで「おおきに」と言って出て行かはった。そんなこともありました。

しばらくそんな「料理人ぼん」の自主トレのようなことを続けていると、一人のお客さんが来てくれました。「お前が生まれる前から菊乃井の客や」と言う、西室町通《にしむろまちどおり》のおじいちゃん。実は大きな会社の会長さんです。

「何ができるんや」と言うので、ちょっと考えたものを出してみると、「こんなもの食えるか」と言う。そのうえで、「これはこうしたらどうや」とアドバイスをしてくれる。

たとえば、「魚もみんな皮をこう引いとるぞ」「お前は何でこう引いとんねん」というような言葉が飛んできます。料理屋の店主が、お客さんに教えてもらっているわけです。

包丁を研いでいると、会長は「もう終わったんか」とか言いながら、じっと私の手元を見ている。そして、「それでは切れんぞ」と言う。

「わしは田舎の出やからしょっちゅう鎌研いでいたんや。そやから、わしがちょっと研いでやるから見とけ」

そう言って背広を脱いで、大会長が包丁を研いでくれる。こういうお客さんがいるのが京都なんですね。

しばらくすると、その会長さんが三日もあけず来てくれるようになった。そして「腹が膨れなくて、うまいもん」を出せと言う。「すんまへん、ちなみにどんなのですか？」と尋ねると「ナスのみんずり」とか、いろいろと言ってくれる。

ちなみに、「みんずり」というのは「みずみずしくて、ぽたぽたしている」感じ。「汁いっぱいの、たぷたぷに炊いたような」感じのもの。夏場なら、冷たくして食べたらおいしい、そんなナス。私の知らない一品でした。

「ぼん」が勢いで出したはじめての店の最初期は、こんなお客さんに支えられておりました。

「自分なりの料理を作らんかい」

一番の転機は、「たん熊」のおやじさんが来てくれるようになってからのこと。「たん熊」のおやじさんはうちの親父と同い年の人ですが、「たん熊北店」から「たん熊南店」に行く間に、毎日のようにうちに顔を出してくれるようになりました。

私の名前は「吉弘《よしひろ》」ですが、なぜか「きち」「きち」と呼んで可愛がってくれました。

おやじさんは私の店に着くなり、「ああしんど、ビール」。それをガッと飲んだ後、必ず「何か出して」と言う。その時に話しながら、いろいろなことを教えてくれたんです。

たとえば、春に「木の芽和え」を出した時、「おやじさん、それちょっと甘くないですか」とか訊いてみる。すると、「自分で甘いと思うのやったら、甘くないのを出さんかいな」と返ってくる。

「それはそうなんですけど、うちの親父のレシピがこれなんですよ。親父のレシピ通りにやるのが菊乃井の味かと思いまして」と続けると、返ってきた言葉がこれ。

「お前はアホか」

続く言葉が身に沁《し》みました。

「自分がほんとにそれをうまいと思わんものを客に出して、これが菊乃井の味ですとか言うてどないすんねん」

「お前が主《ぬし》の店で、自分がうまいと思うものを出さんといて、お客さんが来んとか言うてる場合やないやろ」

「どうすんねん。お前がうまいと思うものを出して、それで客が来ん、となったらそれはそれまでや。そやから、自分の思うようにやったらええねん。親父なんか関係あらへん」

結論は、こうです。

「自分なりの料理を作らんかい」

吹っ切れました。その通りや。

その頃、フランスの雑誌に「真空調理」という記事が出ていたので、それをフランスで親しくなった友達に訳してもらって、専用の機械も買って、当時の日本では先進的な真空調理をやったりしてみました。

親父からは「日本料理と違う、けったいなものばっかり作っとるやろ」とか、「日本料理、やるんやなかったんか」とか、いろいろ言われましたけど、「ほっといて」と返して、さらに「自分の思うようなもの」を作り続けていたら、お客さんがどんどん増えてきた。

「たん熊」のおやじさんの言葉に背中を押してもらって、私と「私の店」は変わることができた。いまも感謝しています。

二〇〇四年に、日本料理、京料理の未来のためのＮＰＯ法人「日本料理アカデミー」を設立して私が初代の理事長を務めさせてもらいました。

そして、七〇過ぎたら団体からは引退や、と思って引退したんですが、どうしてもというので名誉理事長ということになりました。それと同時に、二代目の理事長には栗栖正博《くりすまさひろ》君になってもらいました。栗栖君は、「たん熊」のおやじさんの長男です。今度は私が背中を押すことができたかな、と思っています。

第五章

「和食」は、無形文化遺産にふさわしい

フランス料理がユネスコの「無形文化遺産」になった

これまで、いくつかの章で「日本料理アカデミー」を二〇〇四年に京都に設立した、という話を紹介してきました。設立以来、さまざまな活動を展開してきましたが、なかでも「和食」をユネスコの「無形文化遺産」に登録するための活動は、特に大きな成果を得られたことの一つとして自負しています。

「和食」がユネスコの「無形文化遺産」に登録されたのは二〇一三年の一二月四日。全ての新聞の一面大見出し、テレビのトップニュースになりました。ただ、黙って座っていて、ユネスコが「無形文化遺産登録」を認めてくれたわけではありません。「無形文化遺産登録」を申請し、競合案件との「争い」に勝ちながら、認定に至るまでの活動には、私たち京都の料理人が作った日本料理アカデミーが主体的に、かなりの熱量で関わりました。登録への貢献度という点で、この活動は大いに評価されていいのではと思っています。

もっと正直に言えば、その活動は「日本の文化行政への圧力運動」でもあったということです。どういうことか。「無形文化遺産登録」以前は、日本料理、和食は、日本の文化行政を統括する文化庁の管轄のなかで「文化」と位置付けされていなかったということです。事実です。

日本の「文化」の分類のなかで「茶道」「華道」「陶芸」などに続いて「料理」とか「和食」といった項目があると思いきや……、でありました。私たちも、その「事実」を知らなかった。

はっきり言って、日本の文化行政は私たちが関わっている仕事を「文化」と認めてこなかった。ここに、和食の「無形文化遺産登録」認定活動を始めた、私たちなりの鮮明な動機があります。

逆に言えば、日本の行政は「外圧に弱い」。ですから、いくらやいのやいの言っても農林水産省も文化庁も動かないのなら、世界のユネスコを動かそう、あそこが「文化や」とお墨付きを与えたら、文化庁も認めざるを得ないやろうということです。

料理の世界における「無形文化遺産」については、たとえば、メキシコの「香辛料を焼いてから使う調理法」とか、地中海沿岸の「オリーブオイルを大量に使う料理法」、あるいはトルコの「雨乞い行事の時に食べる大麦のおかゆ」とか、それぞれ個別に登録された案件はありました。

そうしたなかで、その国の食文化、その国の料理全体が「文化」として「無形文化遺産に値する」という認定をフランスがはじめて受けた。二〇一〇年のことです。それは「フランス料理」に対してというよりも、フランス料理を作る人、食べる人、それを支える人、つまり「フランスの食文化全体」「フランス・ガストロノミー（フランス美食文化）」に対して、それは「世界の無形文化遺産」であるとの認定を与えたものでした。

世界の無形文化遺産、全ての人類が将来にわたって守り伝えていくべき文化。かっこういいじゃないですか。誇らしいじゃないですか。

しかし残念ながら、そのことに料理に関わる私たち自身が気がついてなかった。それがどうしたの、という感じでした。

実は、「フランス料理がユネスコの無形文化遺産に」という話を聞いた時、私は「フランス料理以外で無形文化遺産に値するのは、世界広しといえども日本料理しかないな」と思いました。

「フランス料理の無形文化遺産登録」の推進者であったジャン＝ロベール・ピット先生は高名な地理学者でソルボンヌ大学の学長もされた方ですが、奥様は日本人。そして、ピット先生と共に遺産登録運動をやった連中のなかにはアラン・デュカスをはじめ、私と親しいシェフ達もいて、その彼らが「村田、次は日本料理やぞ。ピット先生も協力してくれるそうや。日本での活動はお前がやるべきや」と発破をかけてくれた。いま思えば、ありがたい話です。

でも、その時の私は、正直、「そんな活動なんか、ちょっとめんどくさいわな」と思っていたのでした。二〇一一年三月一一日の東日本大震災の頃ですから、日本全体の雰囲気も沈んでいるような状況にありました。

あわてだしたのは、韓国が「宮廷料理」の無形文化遺産申請をユネスコに出したというニュースが入ってから。何や、それ、というわけです。

韓国の「宮廷料理」に先行されて

「ええっ、それが認定されるかどうかは別にして、韓国が自国の料理文化を堂々と申請しているのに、日本は申請さえしていない、というのはさすがにまずいんじゃないか」

一番先に上がったのはこういう声でした。

まあ、アジアで一番先に認定されたのが「韓国の料理文化」だったとしても、日本も申請してましたよ、認定するのはユネスコですからね、というのならまだいい。それが、申請もしていないというのは、日本には「文化と言えるほどの料理はない」ことになるじゃないか、というわけです。

大げさに言えば、料理関係者として「国民の皆様に申し訳ない」。これは絶対、申請すべし。私もその一人ですが、京料理関係者をはじめ料理界全体が一気にそういう雰囲気になったのでした。

そこで、業界として各省庁に「日本の料理を無形文化遺産にするようユネスコに申請してくれ。韓国はすでにもうやっとるぞ」と働きかけたのですが、全く反応なし。お役所は、基本的に「余分な仕事、前例のない仕事はしたくない」人達ばかりです。その時の京都府知事は山田啓二さん。相談すると、「それはやらないとあかんな。京料理で申請しよか」と言う。

そうじゃなくて、これは日本全体の話なんですよと答えると、「それやったら、嘆願書を出せ」という指示。その時はもう「日本料理アカデミー」をスタートさせていましたから、「日本料理アカデミーからこんな嘆願書が出て、知事が受け取った」という場面を設定して、それをテレビや新聞のニュースにさせた。

そうしておいて、その嘆願書を持って京都府の山田知事が各省庁を回る、という段取りをつけた。これもまたニュースになる。

山田知事、さすがに元自治官僚。勘所がわかっている。

こうなると、文部科学省、農水省、経済産業省、文化庁、観光庁の五省庁が相乗りで「推進委員会」が動きだす。

日本料理界全体の話であると共に日本の「食文化」の話であるということで、私の他に日本料理アカデミーの理事もお願いしていた熊倉《くまくら》功夫《いさお》国立民族学博物館教授（当時）をトップに仰ぎ、服部栄養専門学校の服部《はっとり》幸應《ゆきお》先生、辻《つじ》調理師専門学校の辻芳樹先生といった料理学校や調理師学校の代表、鮨屋さんの団体代表、うどん屋さんの団体代表なども寄り合って、何度も会議を重ねました。

まず、「何を、日本の食文化の代表にするか」という話。

メキシコとかトルコの先例もあるので、単体の料理として「琵琶湖の鮒《ふな》ずし」はどうや。いや、そういうのは認定されたとしても日本の料理界、食文化全体には何の効果もない。やっぱり日本人皆が喜ぶようなことにしたい。

「味噌はどうやろ」「それなら、素材よりも味噌汁でやった方がいいのでは」「味噌業界は喜ぶかもしれんが、ちょっと弱いな」

そんなこんなで議論百出。鮨屋は「すし」、「蕎麦屋《そばや》」は「そば」と言う。百家争鳴。しばらく揉《も》んでいるうちに、何やかんや言うてもやっぱりそれかという形で、「日本料理」で登録申請しよう、ということになりました。

そこへ飛び込んできたのが、「韓国が申請していた〝宮廷料理〟が落ちた」というニュース。「理由は?」と訊くと「利益誘導はダメ」ということらしい。

ユネスコとしてはあくまで「文化」としてどうかという案件やから、利益誘導が懸念されるようなものは嫌や、ということやろ。ソウルに行ったら「韓国宮廷料理」の看板がいっぱいあるもんな。でも、それやったら「日本料理」もあかんやないか。

せっかく「日本料理」でいこうと決まったところやのに、ちょっと困ったな、という状況になったその時に、熊倉先生が「和食でいこう」、と言ったんです。

「日本料理」ではなく「和食」でいこう！

熊倉先生が「和食でいこう」と言うのを聞いた時、私はちょっと首を傾《かし》げました。ユネスコへの申請は英語ですから、「日本料理」も「和食」も英訳したら「JAPANESE FOOD」。同じことです。熊倉先生、ぼけたかな、と思いました。

しかし、さすが熊倉先生、「ローマ字のWASHOKUや」とのこと。なるほど、です。でも、これだと日本から変なものが出てきたと思われませんか、と質問すると、先生は、「それでいいんだ。だからいいんだ」と言う。

納得です。一気に「WASHOKU」でいこう、ということになりました。

本音を言えば、私たち料理人としては「日本料理」でいきたかった。でも、言ってみれば「和食」の方が庶民的な料理、郷土料理なども含めて、すそ野が広がる。その方がいい、日本の文化全体を考えれば、その方がいいかもしれん、と納得したわけです。

もちろん主管の農水省関係者は、できるだけ幅を広げたい。町中華も、ジャパニーズギョーザもカレーも、みんな「和食」や。輸出できるものは、多ければ多いほどいいという話。

そうして申請する登録名は「和食（WASHOKU）」となり、その「文化」を維持・推進する団体として「和食文化国民会議」という組織も作り、山田知事の肝いりで京都府立大学に「農学食料学部和食文化学科」を創るという段取りが整ったのです。

さらに「和食の特長的内容」としてどういう点をアピールするのかという議論になって、次の四点を付記することになりました。

一点目は「和食は、春夏秋冬の季節感を生かした料理である」ということ。

この点についてお役人たちはすぐに「フランス料理などは丸い皿に焼いた肉と野菜をちょっとのせて、ソースをどろっとかけてあるだけで、季節感など何もない。その点、日本料理は……」とか、贔屓《ひいき》の引き倒しみたいなことをよく言います。

こういうのが日本人の一番良くない「夜郎自大」的なところです。料理において季節感を大事するのは日本だけではありません。四季のある国のほとんどは季節感を料理に反映させています。

たとえば、お役人が季節感がないと例に出したフランス料理の秋のメニュー。鹿肉を焼き、スグリのジャムを付け、栗のピューレを付けて、さらにジロールという向こうのキノコが付いている。これをフランスのシェフ達は「まるで秋の森を歩いているようだ」と言うんです。

このように、季節感はその国その国の文化によって違います。たとえば、いくら日本人が皿の上に松葉を添えてぎんなんを置いて、「季節感の表現や、最高やな」と言っても、向こうの人にしてみたら、「この緑色のナッツは何？」と言うだけ。何の季節感も感じない。

お互いそういうものです。世界を見渡せば他に素晴らしいものがあるかもしれないのに、そういうことを考えもせず「やっぱり日本が一番やろ」とか「日本はすごい！」とか無邪気に言う人がたくさんいます。島国日本のあまりよろしくないところかもしれません。

もちろんお役人のなかにもそういう人はいます。しかし、これは国際機関への申請の話ですから、日本のなかでしか通用しないような感覚の持ち主はほんとに困ります。

二点目は「和食は、ものの持ち味を大切にしている」。

これについても、「食材の持ち味を大切にしていない料理なんて、少なくとも俺は食ったことがない」と言っておきました。食材の持ち味を生かしていない料理は、世の中に存在しません。

たとえば、マルセイユの港に生きた魚がいっぱい揚がってきます。それを日本人が見たら、塩焼きか刺し身にしたらうまそうやなと思うかもしれません。そして、あのいい魚をくたくたに炊かんでもいいやろ、と思うかもしれません。

でも、マルセイユの人たちのディナーは、それでくたくたの鍋料理を作る。五〇〇年来のマルセイユ名物「ブイヤベース」です。つまり、あの魚があってこそのマルセイユのブイヤベース、それはものの持ち味を生かした結果、ということです。

ですから、この「二つ目」も変やと思うで、と指摘したんです。そうすると、村田さん、あんたの指摘は冷静、合理的で、いちいちごもっともやけど、まあ、取りあえず、で書いておきませんか、と言われました。

「まあ、取りあえず」も、日本的なものの進め方の一つではあります。

一月一日の朝、国民全員が「雑煮」を食べる文化

三点目は「和食は、栄養バランスに非常に優れている」。

いまから約五〇年前の一九七七年に、アメリカの上院議員ジョージ・マクガバンが出した「マクガバン・レポート」という一つの調査書が話題になりました。これは「先進国における食事事情と病気の関係」についての詳細なレポートですが、肥満があまりに進んで医療費が高騰したアメリカでは特に注目を集めました。

このレポートのなかで「脂質と糖質とタンパク質が正三角形、つまりベストバランス」を示している例が一か国だけありました。でもそれは、元禄時代以前の日本人の食事でした。

しかしながら、今の日本は、この二〇年の間に米の消費が半分になり、肉の消費量は五倍になりました。こんなに短い間に自らの食べ物を根本的にひっくり返した国は世界中にありません。

とは言え、幸いなことにと言いますか、日本のこの状況変化は世界中に知られているわけではない。ですから、「和食」のアピールポイントとしては、まだいけるんじゃないか。そう思って入れたのですが、案の定、高評価を得ました。

そして、四点目が「国民の生活と非常に密接な関係がある」。

これがユネスコの担当者の胸に一番響いたようです。あたりを見回しても、「おばあさんの法事しようか」と言って、フランス料理を食べる家族は、そうはいない。何か事があるたびに家族が集まるのは何やかんや言っても日本料理です。

ただ、東京はそういうのをやるところがないと言って皆、困っています。東京・麻布十番の「更科堀井《さらしなほりい》」の堀井良教《よしのり》さんとこ、蕎麦屋さんでみんな黒い服を着た人がぞろぞろ出てきて、堀井さんに「何これ」と訊いたら、法事やということでした。

結局、ユネスコに一番評価されたのは、最後に加筆した「国民生活との密接な関係」。正月の一月一日の朝に全国民が雑煮を食べる。これが一番評価された。

土地土地でそれぞれちょっとずつ内容は違いますが、同じ時間に、「雑煮」という餅が入った食べ物を食べる。そんな国は他にないし、それは世界的に見ても特殊な文化として、日本という極東地域の国民文化を、「文化遺産」として残しておかなければいかんということです。

これを「おせち」と言ったら、またややこしいことになったでしょう。正月の食文化＝雑煮の方がシンプル。イメージ的にわかりやすい。こうして雑煮で評価されて、「和食（WASHOKU）」の無形文化遺産登録、ということになりました。

文化にお金をかける国、かけない国

こういった国際的な催事の成否については、国を挙げての「ロビー活動」が繰り広げられます。オリンピックやサッカーのワールドカップの招致を代表的な例として、このロビー活動についての韓国の熱心さは「定評」のあるところ。

このときの「無形文化遺産登録」についても、韓国はユネスコ本部の食堂で二週間、「韓国料理の無料食べ放題」というのを展開しました。その他にもさまざまな「活動」があったと思いますが、それでも「結果」は出なかった。国際的な評価を得るのは難しいものです。

一方、日本はロビー活動にほとんどお金を出さない。昔から、そうです。この時の私達も政府以外の方々に協力をお願いして、いくつかのアピール活動を行いました。一番協力してくれたのがフランスを代表する、カリスマシェフのアラン・デュカスです。

あの「オテル プラザ・アテネ　パリ」のデュカスの店にヨーロッパ中のメディア

を三日三晩招待して、私が日本料理を作るという催事をやってくれた。うちからも五、六人スタッフを連れていきましたけど、その費用も全てデュカス持ち。

ユネスコの関係者を全部招待しての朝食会もやって、ピット先生に「日本料理はどれほど文化度が高いのか」を語っていただきました。これも、デュカスの朝食ですから、皆さん、喜んで来てくれた。デュカスとはいまも親交を続けています。

また、協力団体がパリの国立ギメ東洋美術館で『魯山人の美——日本料理の天才』という展示をやってくれました（二〇一三年七月三日~九月九日）。これも、日本の食文化のレベルの高さを示すという催事でしたが、何しろ京都の国立近代美術館から北大路魯山人の器を全部運びましたから、保険金がものすごい。多分、赤字だったかと思いますが、これもありがたい話でした。

いずれにしても、日本は「文化」にお金を出さない国だということがよくわかりました。フランスなどは文化省が省庁のランクで一番上。文化省、次いで財務省でしょう。文化省が役所として一番上、というのは国の姿として何ともかっこいい。

実際、フランスに行くと、文化政策が強いことがわかります。観光立国という基本コンセプトのもと、たとえば「フランスの美しい村」の認定制度とか、実際にいろいろな施策にお金が使われていて、ちゃんとシステムが回っていることがわかります。

一方、日本はと言えば財務省、経産省など、お金関係の役所が上にいて、文化庁は文科省のなかの一部署。位置付けが全然違う。予算も微々たるもの。

ただ、二〇二三年春に文化庁が京都に移転してきましたね。このことで、文明は東京に行ったけれども、文化は京都やという感じになって、予算は別にして、「文化」のイメージが変わってくるかもしれません。

ご飯に牛乳の給食は、おかしい

こうして、日本の食文化「和食」は「フランス料理」に続いて、めでたく「無形文化遺産」となりました。

しかし、改めて私達の足元を見ると、手放しで喜んでばかりはいられません。というよりも、このままでは「日本の食文化」「和食」「日本料理」は、「無形文化遺産」どころか、ほんとの「遺産」「遺跡」になってしまいかねないな、という危機感を持っています。ひょっとしたら、いまや「絶滅危惧種」に近いのではないかとさえ思っています。

まず、日本の将来を託すべき子ども達は、毎日どういうものを食べているのか。否応なしに食べているものとして、「学校給食」を考えてみたいと思います。

私は「日本料理アカデミー」の活動の一環として小学校への「日本料理」出前授業を行っています。この時に、ちゃんと一食分二四〇円なにがしを払って、子ども達と一緒に学校給食を食べる。そうした「現場」から見えてくるものは何か。惨状と言ってもいいほどの「学校給食の現況」です。そこにあるのは、「日本の食文化」「和食」どころではない現実です。

当時から私は、京都市の「学校給食における『和食』の検討会議」という団体のなかで「週五回の給食のうち五回、ご飯を食べるようにしましょう」と言っています。こう言うと「それ、普通じゃないですか」と思われるかもしれません。でも、二〇一三年当時は「週五回のうち四回はパン、一回はご飯」でした。

その理由を訊けば、パンの方が消化が良いとか、理屈にもならんことを言う。さらに訊けば、災害の時に乾パンを焼くという契約を行政としていて、その機械の機能維持のために必要なんやと言ったのです。それやったら二週間に一回くらいのパン食でいいんじゃないですか。

私も子ども達の「食育」のために外国料理を取り入れるのはいいことだと思います。しかし、主食を「週五回のうち四回はパンで、一回がご飯」というのは、どう考えてもおかしい。いまは週四回が、ご飯です。

この話などは現実の一端ですが、現在の日本の給食は問題があり過ぎると思っています。保護者の皆さんは、「給食というのは管理栄養士も栄養教諭もみんな付いているから安心だ」と思われているかもしれませんが、実際に現場に行くと不条理なことばかりが起こっているんです。

日本料理が「無形文化遺産」に認められて、「自分の国の食文化を大切にします」と言いながら、なぜ、ご飯の時に牛乳を飲ませるのでしょうか。

パンに牛乳はわかります。牛乳は栄養価としては絶対に必要ですから、牛乳をやめろとは言いません。ただ、ご飯の時は番茶でもいいから、お茶にしましょうよ、と言っているだけです。相性と言いますか、ご飯のおいしさを引き出してくれるのは、やっぱりお茶です。

ご飯の日にも牛乳が必要ならば、二時限目と三時限目の間に飲むとか、放課後に牛乳を飲んで帰るとかにしたらどうでしょうか。

小学校に「日本料理」の出前授業に行って一緒に給食を食べてわかったことは、

「ご飯に牛乳の日」の献立てのときは、ほとんどの生徒が、最初に牛乳を飲んでからご飯を食べるか、ご飯を食べ終えた後に牛乳を飲むか、のどっちかだということ。ならば、食中に何を飲んでいるのか。わざわざコップに水を汲みに行って、それを飲みながらご飯を食べているんです。かわいそうでなりません。

こういう現実を目の当たりにしながら、なぜ「ご飯にお茶」という発想が生まれてこないのか、本当に不可解であり、不条理と言う他ありません。

「お茶にしようか」

ただ、「ご飯にお茶」とか言いながら、そのお茶もおかしくなっている。

いま、お茶と言えばペットボトルの時代です。日本茶を急須でいれて飲むという文化自体がなくなりつつあるんです。

私達団塊の世代は、高度成長期時代に忙しさにかまけて子ども達を放っておいた。ですから、子ども達の世代に文化の継承ができていない。団塊の世代の子ども達は、別にペットボトルでええやないかと思っている。一・五リットルのペットボトルを買っておいたら、子ども達はお昼ご飯も晩ご飯もそれでいけるやんと思っている。

　こうなると、別にお茶の葉っぱを買って、自分で急須でいれてとか、そんなしゃらくさいことせんでもええやんというふうになる。当然のなりゆきです。

　いま、日本はEU、アメリカ、ブラジルに次いで世界で四番目のコーヒー消費国です。それはなぜかと言えば、安物のコーヒー豆は皆日本が買うからです。コーヒーと言えば缶コーヒーという時代ですから、安物のコーヒー豆が日本に来るんですよ。

　こうした時代状況のなかで、宇治も静岡も茶業組合が困窮しています。日本人がこんなにお茶を飲まない時代が来るとは、誰も思わなかった、と。

　日本の文化の非常に重要な部分に茶道や煎茶道がありましたし、日常のなかの「食文化」としても、軽い食事のお茶漬けや、一家団欒《だんらん》でお菓子を食べながらお茶を飲むという時間がありました。

「お茶にしようか」という、いい言葉がありました。でもいま、「お茶にしようか」と言えば、ほとんどがコーヒーじゃないでしょうか。ここに、「和食」を「無形文化遺産」にし、「日本の食文化を守りましょう」と言いながら、自らそれを破壊しつつある現実があります。

お茶というものが日本の文化のなかから消えつつある。これをもういっぺん復活させるためには、子ども達の給食に「ご飯とお茶」というコンセプトを定着させるのも一つの方法かもしれない。そうして、ご飯のおいしさ、お茶の良さを日常の味覚として身に付けてもらう。こういうことも、「和食」を「無形文化遺産」にした私達の任務ではないかと思います。

給食でお茶を飲んだ子が、家に帰って「お母さん、お茶がいい」と言う。こういうことが文化の継承です。番茶を飲まない子が、この先、煎茶を飲み、抹茶を飲むようになりますか、ということです。

それと、もう一つ。提供する側にも問題がありはしないか、従来通りのお茶の供し方だけでいいのか、ということです。

たとえば、第一章で紹介したG7「広島サミット」のワーキング・ランチでのこと。私は会議をしながらのランチですからアルコール系はそれほど必要はないだろうと踏んで、首脳の皆さんが食事中に飲めるものとしてフレーバーティーを供しました。

なぜか。フレーバーティーと言えばアールグレイとかアップルティーとかジャスミンティーなどがすぐ思い浮かびますが、いま、ヨーロッパで中国茶のフレーバーティーがすごく流行っているんです。ですから、それならば日本茶のフレーバーティーでもいいだろうというわけです。

まあまあ、G7の皆さんには、それなりに喜んでいただいたかな、と思っています。我々は玉露やら何やら「茶の味」を言いますが、これは習慣ですから、慣れてくれば日本茶のフレーバーティーも需要が増える可能性は充分あると思っています。

夏場なら日本茶のミントティーとか、冬ならば柚子《ゆず》の香りの日本茶とか、考えればいろいろとアイデアは出てくるはずです。「宇治茶の味が……」とか言うてる場合やないところまできているような気がします。

第六章

「私の食の履歴書」

私の「家庭の味」は「菊乃井」のまかない

前の章で子ども達の給食に関して「食育」という言葉を出しました。「食育推進基本計画」を作った農水省は「食育とは」という公式メッセージの冒頭に「食育は生きる上での基本であって、知育、徳育及び体育の基礎となるべきもの」と書いています。それならば、村田吉弘は七十数年前にこの世に生まれでて以来、どんなものを食べて育ってきたんや、とふと思いました。

まあ、村田吉弘的「食育」とは、というわけで、立花隆さんの著書『ぼくはこんな本を読んできた』（文春文庫）にならって、「ぼくはこんなものを食べてきた」というテーマでちょっと話をしておきたいと思います。あるいは、日本経済新聞の名物コラム「私の履歴書」の食べ物特化版という感じでいかがでしょうか。

まず、私にとって一番大きいことは、京料理の料亭「菊乃井」の三代目、つまり長男として生まれたという事実です。長男ということは、そのまま「跡取りである」ことを意味します。この「跡取り」という意識は、私の記憶の最初期から脳に刻まれているようです。

実は私、偏食でして、何も食べない子でした。

いまも「菊乃井」の厨房には付け台のようなものがありますが、小さい頃の私は毎日そこに座っていた。そういうシーンが私の記憶の最初にあります。

そこに座っているとお手伝いさんがやってきて「ぼんがご飯を食べるから赤だし作っておいてや」みたいなことを言う。それで、幼児ですからきちんとした言葉ではありませんが、私が「赤だしの具、ジュンサイにして」とか言うと、「ぼん、冬はジュンサイがありまへんねん」というような声が返ってくる。

厨房は「お兄ちゃん」がいっぱいいますから、何やかんや構ってくれる。そんなふうに、本当に小さい時から厨房の空気を吸って育ったわけです。

ただ、先に言いましたように偏食で、魚卵大好きでしたから、たとえば熱いご飯にイクラをかけたのが大好き。一時期は、それやないとなかなかご飯を食べない。そんな「ぼんのわがまま」をやっていました。

何しろ店の隣が自宅、と言いますか、自宅と店がくっついていますから、幼稚園に行くようになるまでは店にいる時間の方が長かったように思います。

そうしたなか、厨房で作っている料理もおもしろくて、ついつい「それ、何?」とか言う。すると、厨房のお兄ちゃんも「食べるか?」と言う。「うん」と答えて食べると、「どうや、おいしいか」と訊いてくる。そんな毎日でした。

ですから、いわゆる普通の家の「家庭の味」とは違う分野のものを小さい頃から口にしていたというのは、事実です。ある意味、私にとっての「家庭の味」というのは、店、つまり「菊乃井」の「まかない」であったと言ってもいいでしょうね。

〝おふくろの味〟は「ガランデ」

そして、いわゆる「おふくろの味」というのも、私の場合、ちょっと変わっているかもしれません。

というのも、現在九六歳になる私の母は、いわゆる「お嬢育ち」で、若い頃「外交官の奥様」に料理を習った人。ですから京料理の料亭の嫁でありながら「和食」より「洋食」が得意という変わり種です。

オイスターチャウダーとかコキールとか、当時としてはかなり珍しいものを作ってくれましたし、カレーもルーからきちんと作っていました。

そういう母でしたので、逆に言うと、私は、よく皆さんが懐かしげに言うところの「おふくろの味噌汁」というものを知らない。飲んだことがない。

母の一番得意な料理で、本人も好きだと言っていたのは「ガランデ」。これは母なりの呼び名で、フランス料理の「ガランディーヌ」のこと。

ただ、母が「外交官の奥様」にそういった料理を習ったのは戦前のことですので、調理用具も素材もいまとは比べものにならないくらい不備。ですから、レシピは母流で、まず合いびき肉をガーゼの上にのばして茹で卵を三つぐらい置く。それをぐるぐる巻いて、大きなボンレスハムみたいにして茹でる。そうすると脂気も抜けてあっさりします。

それを冷ましたら、固まっていますから適当な大きさに切って、マヨネーズを付けて食べる。これが私の大好物でした。

このガランディーヌ、言うところの「ガランデ」を習っていた頃の母の大学ノートが、ぼろぼろの状態ですけど、いまも残っています。世間で言うところの「おふくろの味」が私にあるとすれば、この「ガランデ」がそれかもしれません。

いろいろ工夫するのが好きな人で、わけのわからない料理もありますが、薄切り肉に卵と小麦粉を付けて焼く「ピカタ」などは古い洋食屋に行ったらいまでもありますよね。母のピカタはそんなにうまいものとは思わなかったけれど、懐かしい。

第三章で、「ぎをん萬養軒」にフランス料理を食べに行きたかったという話を紹介しましたが、それは母が作るものよりおいしかったからやと思います。「やっぱり、ほんまもんは違うわ。すごいな」と思っていました。でも、後でフランスに行ったらえらい違いやった。

当時の「ぎをん萬養軒」の「フランス料理」をいまのフランス人のシェフたちが食べたら、「これは日本料理や」と言うでしょうね。

たとえば、ジョエル・ロブションと話していた時に、彼にこんなことを訊いてみました。

「日本料理で一番感心したのは何？」

「カレーライス。ソースそのものが料理になったのは世界中でこれしかない」

彼らにとっては、カレーも日本料理なんです。

余談ですが、現在、レトルト商品として「菊乃井カレー」とか「菊乃井カレーうどん」なども評判をいただいていますので、一度お試しくださいね。

アイスクリームにつられて古美術店巡り

私は偏食の子で、魚卵が大好きだったという話をしましたが、いまでも、イクラやたらこをよく食べています。

魚卵だけやなしに、「卵」という単語が付くものは、どういうわけか、全部好き。コルステロールの多さを指摘されますけど、コレステロールはそんなに悪いものではないだろうと思っています。

もちろん、鶏卵も好きで、炊きたてのご飯で「卵かけご飯」をやります。ただ、私の場合、使うのは卵黄だけ。炊きたてのご飯に卵黄二個と醤油をかける。うまい。

実は、小さい頃、この「卵かけご飯」というのはうちだけのごちそうだと思っていました。幼稚園で「うちで食べるもののなかで一番うまいのは卵かけご飯や。お母ちゃんが作ってくれるやつが一番うまい。卵かけご飯のおいしさ、皆、知らんやろ」と思っていたら、他の連中も皆食べていることがわかった。これはえらいショックでした。

小さい頃の記憶では、おじいさん、祖父との思い出も印象深く残っています。この祖父がいまの「菊乃井」を作った人ですが、私の性格は親父より祖父に似ているように思います。

新しいものが好きで、京料理の料亭の主人なのに「洋食」とか珍しい料理が好き。ですから長男の嫁、つまり私の母の作る「ガランデ」などの洋食のような料理も喜んで食べていました。

私が五歳ぐらいの頃から、祖父は趣味の古美術店巡りをする時に必ず私を連れて行くようになりました。「吉弘、行くか」と誘われると、私も文句を言わずに一緒に出かける。

なぜか。おじいさんと一緒に出かけると、四条木屋町の角にあった不二家《ふじや》でアイスクリームを食べさせてくれるからです。

ペコちゃんの不二家……。私はアイスクリームにつられて古美術店巡りをやっていたというわけです。当然のことながら、おじいさんが何か器を見たり皿を見たりしている横にいながら、何の興味も湧きませんでしたけれど。

そういう店でおじいさんは古伊万里《こいまり》の皿を二つ手に取って、私に訊くんです。

「吉弘、どっちがええと思う？」

五、六歳の子に古伊万里の良しあしを訊きますか、と思いますけれど、訊かれた方は答えなくてはいかん。
「ぼく、こっちの方がええと思うで」

ほんとに、おじいさんにはいろんなことを教えてもらいました。

たとえば、明《みん》の時代の「染付《そめつけ》」(磁器)。「おじいさん、これ、欠けてるのとちゃう？」と訊くと、これは欠けているのではなくて「虫食い」と言うて収縮度の違いで釉薬《ゆうやく》が剝げているだけやとか教えてくれる。

あるいは、こっちの青とこっちの青と、どっちがいいかという話では、こっちの方が本物の呉須《ごす》の青色やとか、絵が描かれているものならこっちの虫の方がおもしろいやろとか。私はへえーっと聞いているだけ。

子どもにわかるわけがありません。でも、おじいさんとは何かと相性が良かったようで、それが全然嫌な時間ではありませんでした。

大学生になってからのこと、絵柄の皿でこっちは手描きの祥瑞《しょんずい》の皿三万円、こっちは印判《いんばん》の皿で三〇〇円、この違いが友達らにはわからない。同じやないか、と言う。でも、私にはすぐその違いがわかる。値段の違いも当然やとわかる。

俺はこいつらより優れたところは何もないけれど、手描きか印刷かもわからん連中よりも、そのへんだけは勝てるな。そんなことは考えました。おじいさんのおかげです。

老舗の「ぼん」はどこも似たようなことかと思いますが、おじいさんは、味のこと、料理のことだけではなく、料亭に不可欠な食器などの目利きをはじめ食文化全体についてのあれこれを長い時間をかけて、それとなく教えてくれていたのでしょう。

こういうのを「帝王学」とか言うと大げさになりますけど、跡を継がせる者と跡を継ぐ者の、文化を継承する者同士の、一つのバトンリレーの仕方ではないかと思っています。

「跡取り息子」のお雑煮の親芋

おじいさんは、一種の「刷り込み」だと思いますが、事あるごとに「お前は跡取りやからな」と言いました。それが年中行事になると一段と顕著になります。誰が見てもわかりやすい「跡取り」「長男」の特別扱いです。

そうした環境のなかで、一番わかりやすい例としてお正月の時の「お雑煮」を紹介しておきましょう。

京都の古い家は皆そうだと思いますが、その家の頭《かしら》になる人は「親芋（頭芋《かしらいも》）」の入ったお雑煮を食べます。

そもそも雑煮というものには白いお餅が入っていますが、これはもともと「ご先祖の魂」という意味。京都ではこの白い餅の代わりに里芋を入れますが、「里芋」はもともと土地の神様という意味。ですから、その「里芋」は先祖の魂と土地の神様の両方を意味したものということになります。それを雑煮に入れて年神様《としがみさま》と一緒に新年を祝うという儀式が「お正月の雑煮」という、日本伝統の食文化なんです。

そうして、家族で「里芋入りのお雑煮」を食べるという正月儀式のなかで、その家の頭となる者、その家を継いでいく者、我が家ですと親父と私の雑煮には里芋の「親芋（頭芋）」が入っている。他の家族の雑煮には「子芋」が入っている、ということになります。

見た目でわかる「跡継ぎ」の特別扱いです。ただ、この「親芋（頭芋）」が丸くてでかい。

とにかく、でかい。これを正月三が日の間に食べてしまわなければならない。これも一つの「しきたり」です。

女性陣や子どもの雑煮は「子芋」ですから、すぐに平らげて「おせち」の方に移っている。でも、子どもの頃の私などは、この「跡取り」用雑煮の「丸くてでかい」親芋（頭芋）に四苦八苦。いくら食べても食べても一向に減らない。そんな感じです。でも、先述のように「跡取り」はこれを三が日のうちに食べてしまわないといけないので、途中でお雑煮を放り投げて「おせち」にいくわけにはいきません。

丸くてでかいので、子どもには食べにくくてしようがない。でも、丸いのに意味がある。「縁（円）は切ったらいかん」ので切り分けるわけにもいかない。ですから、かぶりつくしかしようがない。

「おせち」を横目に見ながら、子どもの頃の私は正月三が日を「親芋（頭芋）」との格闘に明け暮れていました。

このように、ご先祖の魂と土地の神様が重なったものが「親芋（頭芋）」ですが、それを床の間に移した象徴が「鏡餅」です。下の餅が「土地の神様」、上の餅が「ご先祖の魂」。そこに年神様が来る。これがお正月です。

これはお正月を例にとったわかりやすい話ですが、そうやって年中行事は続いていく。京都ではそういうふうに年中行事や慣習、しきたりが生活のなかに生きています。

食べ物を食べる意味も、家や家業を継いでいくことの意味、重要性も、そうした環境のなかで身をもって感じ、身に付けていくのです。

文化を守る、文化を継承していくというのはそういうことです。何の意味があるのかわからんというようなことでも続けることです。おばあちゃんの法事とか言っても「呼ぶ方も面倒やし、呼ばれる方も迷惑やからお互いやめようか」みたいな考え方とはベクトルが違う、ということです。

「野菜に失礼なことをするな」

お雑煮に入った里芋の親芋・子芋の話をしましたが、いわゆる「おふくろの味」という話題が出ると、皆さん、よく「子芋の煮っころがし」がどうしたこうしたということになるようです。

ただ、子どもの頃から料亭の「まかない」で子芋を食べてきた私には、その感じがいささか摑みにくい。「おふくろの味＝子芋の煮っころがし」は、それはそれでいいという世界だと思っていますが、子芋の「真価」は、ということになると、ちょっと待って、と言いたくなるんですね。

結局、野菜にはその野菜の味がある、ということです。リスペクトしている先輩料理人の一人に摘草料理《つみくさりょうり》「美山荘《みやまそう》」の中東吉次《なかひがしよしつぐ》さんがいますが、中東さんがよく言っていたのは、「野菜に失礼なことをするな」。

「芋は人間に食われるために芋になったわけと違うねん。この芋はこれでちゃんと一つの神が作った創造物なんや。芋は君に食べられるために芋になったわけと違う。せやから、これをどうやって食ってやるかというのはお前の責任や。これをどうやって人に食わせるかはお前の責任や。敬意をもって扱え」

こう言われました。

これは、野菜に限らず、素材に対しての姿勢、取り組み方の基本ですね。

そして、芋なら芋で、「芋はどこがうまいねん」「芋の何をうまいと思ってんねん」ということ。そういう話を中東さんからよく伺いました。

素材、食材の「持ち味を生かす」というフレーズは料理の世界でよく聞きますが、「持ち味」もいろいろあって、それを料理人がどう受け止め、どう生かすかはそれほど簡単なことちゃうぞ、という叱咤激励でした。

「最終的には、食材というのはお前が思っているより多面的や。その多面のうちのどの面を使うかは、料理人が何を食べさせようと思うかや。芋のもちっとした餅のようなおいしさがええねんというのか、きれいに真っ白にして、八方《はっぽう》にむいて、出汁を含んでほにょっと柔らかい芋がええと思うのか、芋でも表現の仕方がいろいろある。芋の何を食べさせたいかによって違う」

芋は採ってきてすぐ食うのがうまいのか、しばらく冷暗所でむしろでもかけて置いてからの方がうまくなるのか、どうやねん、というふうに言われた時に、正解というものがそこにあるかどうか、わからんなという話ですね。

「野にあるものは野にあるように料理してというけれど、実際はそんなものはないねん。生でかじったところでうまくないねん。それをただ単に焼いただけでもうまくないねん。野にあるものは野にある味そのままやなと思わせる、そこが料理やろ」

「『これは山国からいま採ってきたものや』というふうに客に思わさなければあかん時のために、それをどうすんねん、ということやで。どういう料理をするんやということが問題なんや」というような話も胸に刺さりました。

「それをどうするのかというのが料理人の責任」だということ。それこそが「料理」。料理を料り定めた結果、何をどのように料り定めるかによって料理人の力量が決まる。

「料理人はむいたり、削ったりするのが上手やというだけと違うねん。料理人というのは頭の作業なんや」という中東さんの言葉がいまも頭の奥で響いています。

そういう料理人になるために、いろいろな本を読んで、中東さんみたいに哲学書を山のように読んで、と心に決めた若い日を思い出します。

天龍寺の老師からの「食事招待」

野菜と言えば、こんな話も思い出します。私がまだまだ若造の時代に、天龍寺の平《ひら》田《た》精耕《せいこう》老師《ろうし》が店によく来てくださった。その頃の話です。

きっかけは、先に紹介した美山荘の中東吉次さん。中東さんは私のことを「村ちゃん」と呼んで、いろいろなところに連れて行ってくれました。その中東さんが、ある時「村ちゃん、一緒に来いよ」と言って、平田老師のところに私を連れて行ってくれたんです。

天龍寺前管長の平田老師は、京都大学文学部哲学科でインド哲学と仏教学を学び、ドイツに留学して哲学をさらに深められた方。『禅からの発想―自由自在に生きる』（禅文化研究所）、『禅語事典―より良き人生への二百五十のことば』（PHP研究所）など著書も多数残されました。

天龍寺は代々、京都大学とか東京大学とかを出た学者の人が老師になり管長になっていかれることが多いのですが、平田老師はけっこうアヴァンギャルドなお坊さん。下駄はいて衣を着たまま山登りするなど、豪快な方でした。

この平田老師が「一滴会」という老師を囲む勉強会のような集まりを主宰されていて、中東さんもそこに入っていた。中東さんも若い時からずっと哲学書を読み倒してあそこまでになった人ですから、そういう会にも積極的に参加していたんでしょう。

一滴会は、在家で哲学とか芸術に興味のある人ばかりの集まりで、そういう方と一緒に平田老師がよく店に来てくださいました。

店のカウンターでは他のお客さんと一緒になるし、「坊主がこんなところで刺し身を食っていたらしゃれにならんがな」ということで、すぐ二階の座敷へ。

「魚を食ったらいかんとか、結婚したらいかんとか、そういう決まりはないねん。経典には何もそんなことは書いてないねん。後から誰かが作ったんや。そやから、坊さんでも奥さんもいるし、子どももいる」

そんな話をしながら、いつも機嫌よく食事してくれました。

ある日のこと、「いつもごちそうを出してくれるから、わしが一回招待するわ。僧堂に来い」とのお話。

ええっと思いました。ちょっと参ったな、と正直思いました。一滴会などで天龍寺に伺った時に、どれだけえらい方か見ているわけです。老師が通るだけで雲水たちが道をよけて頭を下げて合掌するんですよ。そんな人のところに行くの、緊張するじゃないですか。

「すみません、僕だけですか」と訊いたら、「お前だけじゃ」とのこと。

覚悟を決めて僧堂に行ったら、坊さんの巣みたいなところです。

「こんなところで坊主の親玉と一緒に飯食っても、あんまりおもしろいことなさそうやわ」と思いながら部屋のなかを見ると、ごっつい土鍋が置いてあって、なかにはわざわざ作らせたとしか思えない「森嘉《もりか》」さんの巨大な豆腐。

湯豆腐鍋の底の「〇」

普通の豆腐の何丁分かわからないような豆腐がどーんと土鍋のなかに浮いていて、びっくりするほどでかい大根が炊いてあって、菜の花のからし和《あ》えが置いてあって、ご飯があって、「天龍寺ばくだん」という「大根おろしとネギを醬油で練って丸めたようなもの」が置いてある。その「天龍寺ばくだん」を湯豆腐の出汁で温めて、それに豆腐を溶かして食べる、という段取り。

そこで平田老師が「ちょっと待っとけ」と言って、庭へ裸足で出て行って、ふきのとうを採ってきた。そして、そのふきのとうを土鍋のなかにぱっと入れて、さっと蓋をして、ぱっと開けたら、ふきのとうの匂いがうわっと来た。

そこへ、「さあ、食うかい」と言う老師の声が重なります。

さあ食えと言われて、目の前にあるのは巨大な湯豆腐と並外れて大きな大根。あまりのシンプルさに、「今日は何か教えを頂戴するんでしょうか」と私が恐る恐る伺うと、「そんなことは考えとらん」という答え。

「わしはいつもごちそうになるので、お前にたまにごちそうしてやろうと思ってなあ」

「はあ」

こんなやりとりのなかで、私は何か「教え」のヒントを摑みたい。そこで、「この大根は?」と訊くと、そこの東司《とうす》、つまり禅寺の便所ですが、そこの東司の横で雲水が作っている大根や、という答え。「この菜の花は?」と訊くと、「近所のお百姓が持ってきてくれるやつを和えたんや」という答え。

次に、「この豆腐は?」と訊きながら土鍋から豆腐をすくい上げると、豆腐の下の土鍋に円相、つまり○《まる》が描かれていました。円相は、禅では悟りを表す円輪です。「豆腐の下は○なんですね」と訊くと、「これはわしが描いた○や」と言うので、「土鍋のなかにも描かれるんですか」と続けて、また湯豆腐をいただく。

そうして、もっと豆腐を食え、もっと酒飲め、もっと飯食えと、と言われ、その間にまた私が、「何か教えを頂戴するんですか」と訊くと、「同じことを何回も訊くな、そんなこと何も考えとらん」と言われ、また鍋に戻る……。

それにしても何か言ってもらわないと、と思ってもっと具体的に「私の料理がこの頃いろいろな趣向に走り過ぎて、本分の素材の持ち味とか、そういうことを忘れているんじゃないかということでしょうか」と訊いても、「そんなことは何も考えとらん」とのこと。

結局、この日は「何やったんやろうな」という感じで帰途につきました。

次に老師に会うと、「あれ、うまかったやろ」と言うので「うまかったですけど、何かあの時、教えをいただいたんですか」と訊くと、また、「そんなこと、何も考えとらん」。

またその次に会った時は「そんなこと、あったかな」みたいな感じになって、その後、病気になり亡くなられました。ですから、永遠に答えを教えていただくことができなくなってしまったわけです。

でも、私はあれが一番私にとっての「教え」になっていると思っています。なぜならば、何か事あるごとに、ずっと私は「あの時老師は何を言いたかったんだろうな」と考え続けるからです。七〇を超えたいまも、考え続けています。

いずれにせよ、何百人も坊さんがいる天龍寺の、普段何人もの人を連れて歩いている管長猊下《かんちょうげいか》と私が、僧堂で二人だけでご飯を食べるなどということ自体、まあ、普通はあり得ない話。

ただ、そういう禅の高僧と四〇前後の若造の料理人が、二人で鍋を囲み、真っ白い巨大な湯豆腐を食べ、便所の横で坊主の卵達が作った巨大な大根を炊いて食べ、湯豆腐の下には〇が描かれており……、というのは紛れもない事実です。

何か意味があると思うんです。何か意味があると思うんですが、その意味を考えることを、考えろと言っているんだなと、といまはわかります。

でも本当に何もなかったとしたら、これはまたこれですごいこと。本当の「無」の世界。〇、つまり円相が象徴する禅の悟りの境地ということになりますから。

老師が庭からちょいと採ってきたふきのとうをぱっと土鍋に投げ入れ、そしてまたぱっと蓋を取った時に湯気とともに立ち上がる「春の匂い」……。この話をすると、まるで映画の一シーンみたいですね、と言う人がいますが、話をしている私自身、そんなことがあったかな、と思えるほど「実に不思議なひととき」ではありました。

平田精耕老師には、本当にいろいろなことを教えていただきました。たとえば、菊乃井木屋町店「露庵《ろあん》」には私の座右の銘になっている「明歴々露堂々《めいれきれきろどうどう》」という扁額《へんがく》を掲げていますが、揮毫《きごう》は平田老師。もちろん、この言葉を教えてくださったのも老師でした。

老師に「明歴々露堂々」の言葉をいただいた時に、意味がわからないのでは何にもなりませんので、素直に「どういう意味ですのん」とお尋ねしましたら、答えはこうでした。

「表見せ裏を見せ散るもみじかな、ということや」

そう言われても、まだよくわかりません。もう少しわかりやすく、とお願いしましたら、「〝明歴々〟は明るくて歴々としている、つまり、はっきりとしているということ。そして〝露堂々〟は、あらわになっても堂々としているということ。自分はこれだけのもんや、どこからも何も隠すことがない。どうぞ見てください、という意味や」とおっしゃいました。

そのように生きろ、という教えをいただいたと思っています。

第七章

「おいしい」言い過ぎちゃうか？

炊きたての白いご飯

前の章では、私が小さい頃からどんなものを食べてきたのか、そして「おいしさ」についていてどんな気づきがあったのか、ちょっと振り返ってみました。

この章では、いきなりで恐縮ですが、人生の最期、「死ぬ前に食べたいと思うものは何？　三つ挙げるとしたら何を……」と訊かれたら、という話から進めさせていただきます。

死ぬ前に食べたいもの、三つと言われれば、まず「白いご飯」を挙げておきましょう。炊きたての白いご飯。

それに「ぬか漬けの漬物」と「たらこ」。この三つくらいでしょうか。これで、充分です。充分、死ねます。これが、私の食べ物の「原点」です。

五〇歳の頃は、これと同じ質問を受けて、「山盛りのキャビアを白いご飯にのせたキャビア丼」と「香港で食べた一本一本の繊維がもやしのように太いふかひれ」と「採れたてのトリュフをかけた、茹でたてのジャガイモ」とか言っていたようです。

本当は、素材のゴージャスさで選んだわけではなく、トリュフ狩りに参加したシーンなど、いずれも共に食べた人々との忘れられない出会いや思い出があってのことでした。でも多分にかっこつけたい年頃でしたから、そんな「ひけらかし」のようなことを言っていたんでしょう。

でも七〇歳を超えたいま、そんなものは正直、もう食べたいとは思いませんし、ステーキもフォアグラも、申しわけないけれどフランス料理も、あまり食べたいとは思いません。

そうではなくて、先ほど挙げた炊きたてのご飯とかぬか漬けといった「原点」のような食べ物がいいと思うようになりました。原点のものは、明日食べても、明後日食べても、きっとおいしいに違いない。

原点は、まさに原点と言うように、実にシンプルなものです。それに比べると、五〇代の頃の私は「世界中のおいしいものを食べたい。誰も食べたことのないような珍味が食べたい」など、よく言えば好奇心の塊ですが、いまの言葉で言えば何とチャラい男であったのかという感慨があります。

そんな五〇代の頃の私にイメージを重ねるわけではありませんが、この頃は皆さん、「おいしい」と言い過ぎのような気がします。「おいしい」という言葉の氾濫、「おいしい」の大安売りです。

特にテレビの映像などを見ていると、料理を口に入れたとたん「おいしい！」とか「うまーい！」とか叫んだり「鳥肌が立つ！」などと言って目をむいているタレントさんがいっぱいいます。普通、おいしいものを食べたら、そんな顔せんやろ。

あるいは、食べ物を口に入れたら、やおら目をつむって「うーむ」と感じ入る俳優さんや「こんなおいしいもの、はじめていただきました！」とかコメントしている女優さんもいます。はじめてって、これまでどれだけのものを食べてきたんですか、とついつい突っ込みを入れたくなったりします。

なかには一口食べただけで「やばい！」とか大声を出す人もいて、そんなこと言われたら「え、何か異物でも？」と問い返してみたくなるようなこともあります。笑いごとじゃありません。

皆さん「お仕事」でしょうから、いちいち反応してもしょうがありませんけれど、やっぱり一般の人もそういう情報に影響されますから、ちょっと見かけが良いだけでそれほどでもない料理にも「おいしい！」を連発するような現況が気になっています。ちょっと「おいしい」言い過ぎちゃうか、「情報」を食べるより「料理」をきちんと味わって、という話です。

「味ばか」と「残心」

「おいしい」の大安売り。これは豊かさの表現なのか、我々が「味ばか」になってしまったのか、よくわからないことになっているという感じがしていますが、多分、我々が「味ばか」になっているのでしょう。

「おいしい」というのは、「味が美しい」「美味しい」と書きますが、実はそこに「おいしさ」を考える時の、あるいは「味ばか」にならないための大きなヒントがあるのではないか。そう思いが至った時に、親父の言葉がふと浮かんでくるのです。

親父は「お前の料理は、うま過ぎる。だから、ダメや」と言い、そうではなくて、「残心《ざんしん》のある料理を作れ」とよく言っていました。

では「残心のある料理」の「残心」とは何か、ということです。

たとえば、フランス料理だったらいっぱいいっぱいの塩を打つ。これ以上打ったら辛いですよというぐらいの塩を打つ。一方、私は、それよりは控えめの塩を打つ。たとえば「お吸いもの」ならば最初に飲んだ時にちょっと薄いんちゃうかと感じるぐらいで、最後まで飲むとちょうどええなというぐらい、それを「よし」としていたんです。

でも、親父は「それよりも、もうちょっと薄めにせえ」というわけです。

なぜか。そうすると、お客さんが二日か三日たって「菊乃井のおつゆ、うまかったな」と思う。そのくらいがええねん。そうすると、客はまた帰ってくるんや。

親父の判断基準からすれば、私の「控えめ」も「いっぱいいっぱい」に見えていたんでしょう。ですから「もうちょっと控えめにせえ」というアドバイスになったのでしょう。

「お前みたいにいっぱいいっぱいいっぱい、何でもこれでもかとやっていると、料理に残心が生まれへんわ」

「いっぱいいっぱいにしない」というところに心の「ゆとり」とか「余裕」が生まれてくる。それが「料理の残心」であり「残心のある料理」と言うんや。「ゆとり」とか「余裕」を感じることができてこその「おいしさ」ではないのか。

これが親父の料理哲学、美学だったんでしょう。「過剰にならない」「相手が入れる余白を残しておく」、これは日本の文化がずっと大事にしてきた美学でもありました。

でも、若い時にはそれがなかなかわかりません。

「何言うとんねん、親父。二、三日後より、いまうまい方がええに決まっとるわ。斬《ざん》新《しん》ならわかるけど、残心はわからんわ」

いまならば、親父の「残心」哲学はなるほど深い話やとわかります。料理でも絵でも、いっぱいいいっぱいではなくて、若干の余白が大事なんや、だから、残心あっての「おいしさ」や、ということがよくわかります。

しかし、残心よりも斬新なアイデアやなどと考えていた若造には、なかなか理解の届かない境地だったように思います。

「うまい」と脳の関係

「うまい」「おいしい」という感覚についてもうちょっと話をしておきましょうか。

「たん熊」のおじいちゃん、第四章で紹介した「たん熊」のおやじさんの先代さんで、関西料理界のレジェンドのような人ですけど、この人などは「うまいものは鯛の造りや」と言っていたそうです。これなどは関西人の「うまい」感覚の一つの象徴と言えるでしょう。

鯛の造りは、毎日でも食べることができる。毎日食べても飽きないようなものを関西人はうまいと言っている。鱧とかの淡泊好みも同じような感覚だと思います。

こういう感覚の人は、トロなんかはあんなもの、うまくないと言います。食べたら一口目はうまいけれども、四切れ目ぐらいからもうしんどい。五切れ目にいけるかどうか。ですから、次の日に出てきたらもうええわという感じで手を出さない。

トロと鯛とどっちがうまいねんと言われたら、どっちもうまいんです。一口食べて鯛がうまいと言えるかと言ったら、それは言えないかもしれない。トロと比べられたら、トロの方が一口でうまいと言える。けれども、二切れ目はどうや、三切れ目はどうや、刺し身全体としてどうやと言われると、それはわからない。

どこで食べるかという環境とか、タイミングもある。朝からトロを出されたら、それは嫌や。

もちろん、年齢という条件もあると思います。若い時はうまいうまいと言うてロースの二五〇グラム、三〇〇グラムを平気で食べていた。それがいまは、シャトーブリアンのフィレの真ん中は一五〇グラムやったらおいしく食べられる。

ロースとフィレ、どっちがうまいねんと言われると、どっちもうまい。トロと鯛とどっちがうまいねんと言われたら、どっちもうまい。

これは結局、「脂のおいしさ」という話になります。

昔は赤身の方が上等で、トロなんか食べなかったとよく言われますが、それは昔の人の方が「人間的感覚」として繊細で、「うまい」「まずい」は別にして、自分の好みとして「赤身」を選んでいたということだったのかもしれません。

実は、単純に「うまい」という「動物的感覚」で言えば、冷凍のトロでも真っ白けで脂がいっぱいのっているようなものやったらうまい。なぜならば、人間は動物ですから、カロリー摂取が容易で消化がしやすかったら「これは、うまい」と思うんです。この反能は本能的に、という方が近いかもしれません。

他の味覚で言えば、「甘い」というのは「カロリーがありますよ」という脳のシグナルです。「しょっぱい」は「ミネラルがありますよ」という脳のシグナルです。同じく、「うまみ」は「タンパク質がありますよ」という脳のシグナルです。

たとえば、昔の日本は食べ物のバラエティーが貧しい国でしたから蕎麦のような食べ物が賞味されてきました。そうして、日本人は「やっぱり、蕎麦はうまいなあ」と言いながらどんどん食べる。しかし実際は、脳がだまされているだけ。

科学的に言えば、これは「濃いタンパク質の溶液に炭水化物を浸けて食べている」

だけ。つまり、蕎麦つゆ（濃いタンパク質の溶液）に「うまみ」がたっぷりありますから、脳は「タンパク質がいっぱいあるから、タンパク質を頑張って摂取しろ」という指示を送るわけです。でも、実際は、脳がだまされているだけで、本当はタンパク質を摂っているのではなくて、炭水化物をどんどん口に入れている、というわけです。

「甘い」感覚は最後まで残る

同じように、味覚と脳の関係で言えば、「酸っぱい」というのは「腐っているかもしれないよ」というシグナルです。一方、「苦い」は「毒があるかもしれないよ」というシグナルなんです。

こう考えると、「味覚」というものは「おいしさ」を味わうためだけに神様が人間に授けた機能ではなくて、人間の「生命を守るため」の一つの重要なセンサーでもあるのだということがわかります。

特に「苦い」という味覚の分野では、子どもは大人の二倍も三倍も「苦さ」を感じるようになっています。それは「毒は苦いよ。苦いもの（毒）を食べたら死にますよ」というシグナルを子どもが敏感に受け取れるように、ということです。

なぜそういうふうになっているのか。子どもは基本的に弱い存在だということもありますが、大前提として人間の未来のために生きていてもらわなくてはいかん、種の保存のために死んでもらっては困る。こういうことです。

逆に、例えばビールひとつとっても「年取ってきたら何やらこの頃、前よく飲んでたシャープで切れのあるドライよりも、皆が苦い言うてるコクのあるラガーの方がええねん、うまいねん」ということになったら、別にもう、あんたは用ないから死んでもええわ、と神様に言われてるのかもしれませんよ。もちろん冗談ですけど。

このように、もうあなたの動物としての生命はほぼ終わったんや、生殖も終わって、仕事ももうええから、というふうになると、最初にぼけてくるのが「苦み」なんです。「苦み」に鈍感になってきたら、要注意。よく覚えておいてくださいね。

次に衰えてくるのが「酸味」。この頃あまり「酸味」を感じなくなったな、という人も要注意。当然のことながら、子どもは酸っぱいものを嫌がります。そろそろ腐ったものを食べて死んでももええがなと、という人は話は別ですけど。

うちのおばあさんなんか、私が「これちょっと酸っぱくないか」とか「これ、いかれているんちゃうか」というものでも、「どうもあらへん、私、いま食べたけど、どうもない」とよく言ってますけどね。

こうした味覚のなかで、最後まで維持されて残るのは「甘み」です。九六歳のうちのおばあさんも、ようかんだけはよく食べる。

甘いものは生命を維持するためにも、脳を動かすためにも絶対に必要とされています。やっぱり、人生に甘いものは欠かせません。

そして、甘いものの次に体を動かすために必要なのは塩。つまり、ミネラルがないと人間の体は機嫌よく動きません。

ですから、「甘さ」と「塩辛さ」の二つは、人間の感覚として最後まで維持されます。人生は最後まで「甘辛」と道連れです。

母乳の「おいしさ」は快感

「人生最後の……」という話が出ましたので、それでは人間が最初に口にするもの、母乳とは何か、ということにも触れておきましょうか。

母乳の中身は、「糖質、脂質とうまみ成分（グルタミン酸）」です。つまり人間は、この世に生まれ出た最初に、「うまみ」を味わっている、ということです。ちなみに、牛乳には「うまみ成分」は入っていません。

非常に抽象的な言い方になるかもしれませんが、母乳を飲んでいる時の赤ちゃんは最高に幸せそうな顔をしていますよね。至福。それはあの三つのもの、「糖質、脂質、うまみ成分」が脳のなかの快感中枢を刺激して、幸せになるからなんです。

母乳のおいしさは、快感。これが、「おいしい」というものの本質かもしれませんね。そして、ドーパミンという神経伝達物質が合成されて、食欲が出てきて、赤ちゃんはぐんぐん成長する。

基本的に、人間を含む大型の霊長類は一日に三〇種類ぐらいの食材を食べるようになっています。つまり、生きるためにいろいろなものを食べる、ということです。なぜならば、一種類だけを食物にすると、その食物の「種」が絶滅するからです。たとえば、霊長類がりんごだけでカロリー補給をするとすれば、りんごは絶滅してしまいます。

ゴリラの研究者で京都大学総長をされていた山極壽一《やまぎわじゅいち》先生によれば、ゴリラも一か所に定住せずに山中を移動して暮らしていて、それは同じものを食べるのが嫌だからだそうです。

このゴリラのように、いろいろなものを食べて生きていくというのはチンパンジーも人間も、基本的には一緒です。

ただし、生まれてすぐの赤ちゃんは別。人間の場合ですと、一時間に一回くらい授乳しますし、約半年間はずっと母乳（あるいは粉ミルク）だけを飲み続けます。ですから、大型の霊長類は三〇種類ぐらいのものを食べるという基本は、人間の赤ちゃんに対しては当てはまりません。

そして、忘れてならないのは、母乳を通じて赤ちゃんの命をつないだ「糖質、脂質、うまみ成分」の三つの成分は大人になっても基本的な重要要素として残るということ。つまり、この「糖質、脂質、うまみ成分」の三つが人間の食べ物の中枢になっているということです。

まず、人類全ては「食べ物」「料理」という形で炭水化物を摂取してエネルギー源としています。芋、パン、米といった主食で炭水化物（糖質）という重要な栄養素を摂取しているわけです。

そしてまた、世界のほとんど全ての料理は、油脂を中心に構成されています。

この二つの話でおわかりのように、世界のほとんどの「食べ物」「料理」は、母乳に含まれている成分「糖質、脂質、うまみ成分」のうちの「糖質と脂質」をベースにしていると言ってもいいと思います。

そうしたなかで、「糖質と脂質」ではなく、「糖質とうまみ成分」を中心に構成された料理というのが、世界中で一つあります。日本料理です。

油はたしかに「うまい」、けれど……

世界のほとんど全ての料理は油脂を中心に構成されていて、その油脂には一グラムで九キロカロリーという熱量があります。

一方、「うまみ」を中心に料理を構成した日本料理のベースは出汁で、出汁のカロリーはほぼゼロ。その出汁をいろいろな食材に添加していく、というのが日本の料理の方法です。

たとえばフランス料理ですと、バターもクリームも一グラムで約九キロカロリーですから、品目数で二五品目、デザート前までで二五〇〇キロカロリーになります。

これがカロリーほぼゼロの出汁をベースにした標準的な日本料理ならば、平均的に六八品目ほどで、ご飯を半分ぐらい食べても一〇〇〇キロカロリーしかない。びっくりするほどの違いです。

実際、世界的に見ると「一〇〇〇キロカロリー以下の食事」というのは、驚異的です。カルボナーラ一皿で約六九〇キロカロリー、一般的なハンバーガー一個で約四二二キロカロリー。これにフライドポテトの小を食べて約二〇〇キロカロリー、コーラを飲んだらさらに約一〇〇キロカロリー、合わせて七六〇キロカロリーほどになり、一食でアウト、という数字ですよ。健康志向の現代、日本料理が世界のシェフたちの注目の的になったのも当然のことです。

ここにおもしろい実験があります。

ラットに一回ボタンを押したら一滴の油が出てきてなめることができるということを覚えさせる。そして次は、二回押したら一滴の油が出てくるようにする。そうして、一滴の油をなめるためにボタンを押す回数を無限に増やしていく。ラットは、油をなめたいという欲求がある限り、無限に増えていく回数を押さなければならない。

そうすると、ラットは一滴の油をなめたいという欲求のためにに何回までボタンを押し続けるだろうか、という実験です。これは先に紹介した伏木亨先生の実験です。

答えは、一八七回。つまり、一八六回ボタンを押して一滴の油をなめた後、さらにもう一滴なめたいと思ったラットはまた一八七回ボタンを押し、油を一滴なめた後、やっとこの行動をやめた。

さらにおもしろいのは、次に同じパターンの実験を、餌を出汁に変えてやってみたら、ラットが一滴の出汁をなめるためにボタンを押し続けた回数は、一五三回。

油の時は一八七回。出汁では一五三回。ラットに忖度はありませんから、この数字の差が動物にとっての欲求度の差ということになります。

ラットが一五三回も「なめたいボタン」を押しているように、出汁もかなり魅力的であったに違いありません。しかし、動物にとっては「出汁（うまみ成分）」より「油（脂質）」の方がより魅力的だったのだということは、この実験の結果を見ても明らかです。

実際、人間も動物ですから、我々もやっぱり「油（脂質）はうまい」と思います。

ただ、たとえばそのへんの料理で「おいしい！」とか「うまい！」とか言っているのを聞くと、「おいしい言い過ぎちゃうか」とか「それは油がうまいだけやろ」とか、突っ込みを入れたくなる時もあります。

とは言え、ラット君に訊くまでもなく、「油がおいしい」のは世界の料理が脂質ベースだということでもわかりますし、日本の食文化のなかでも先にマグロの赤身とトロの話で紹介した通りです。

それではなぜ、日本では「油（脂質）」中心ではなく、世界でも稀《まれ》な形で「出汁（うま味成分）」をベースにした料理が発達したのでしょうか。

油に頼らない「おいしさ」の追求

日本は歴史的に仏教文化の影響もあって、動物由来の油をほとんど使ってきませんでした。西洋では動物由来の油の他に、ランプなどにも鯨油を使っていましたが、日本で使われた油は植物由来の菜種油のみ。しかも、菜種油は主に行灯《あんどん》などの灯火用に使われました。

一皿の菜種油で一晩の灯《あか》りとなる。しかしそれを料理に使ったら、一皿の油が一瞬でなくなってしまう。大権力者であった徳川家康が鯛の天ぷらを食べて死んだという説がありますが、上流階級の日本人にとっても食用の油はかなりの「貴重品」だったと思われます。

この事情は、日本最高の文化が集まる京都の朝廷でも同じで、御所の厨房といえども、菜種油を日常的に食用、料理用に使うわけにはいかなかったでしょう。

そこで、御所の料理方は「油のおいしさ」に頼らない、いろいろな出汁のひき方を考え、工夫を凝らした。そういった試行錯誤の結果、昆布と鰹節という「究極のうまみ」をもたらしてくれる食材と出会った。こういうわけです。

もちろん、昆布も鰹節もなかなか高価な食材であったと思います。昆布ははるばる北海道から北前船が運んで来る。そうして京都までやってきた利尻昆布や日高昆布ですが、やっぱり一番いいものは御所に入ったのでしょう。

鰹節を四国の土佐から運んで来るのも大変だったと思います。鳴門大橋も瀬戸大橋もない時代、船で大阪に着いて、あとは牛や馬に荷車をごろごろ曳《ひ》かせながら、京都までやってきて、これも「いいもの」は御所に納められた。

昆布も鰹節もけっこうな「贅沢品」です。とは言え、そこは朝廷。そこは御所。庶民には高嶺《たかね》の花の「贅沢品」をいきなり水の中に放り込んで、ぐつぐつ煮出して、とか、そういうことは御所でしかできません。そして、御所でしていることは、庶民が真似したがります。夏越《なご》しの大祓《おおはらえ》の時には天子さまが氷を食べてるらしいけど、わしらは氷は食べられへんから外郎《ういろう》の「水無月《みなづき》」を作って食べようか、みたいなことです。

一方、御所に詰めている貴族、公家連中は昼に二時間、夕に三時間の「食事タイム」を取ります。その他は歌を詠んだり結論の出ない会議を長々とやったり。皆、動きませんから、おなかもすかない。

そういう連中が楽しみのためだけに二時間も三時間もかけて食事をする。そういう連中に「おいしいものを頼むよ」と言われる料理方はたまりません。

当然、食べごたえするようなものではなく、一口で終わるようなものを、順に時間をかけて出していく。この方法は懐石のなかに残っているように思います。

そして、そうした公家連中に「おいしい」と言ってもらえないと料理方は職を失いますから、懸命に研究するし、アイデアもひねる。味覚、おいしさを総合的に考えていこうとする。

例えば先に紹介した「いっぱいいいっぱいにしない」という考え方のもとでの調味の仕方とか、盛り付け方、料理の供し方、そのタイミングなどなど……。

こうした御所の料理方の伝統は、現在の京都の料亭、料理屋に受け継がれていると私は考えています。

プロの料理人は「本当にうまいもの」は作れない

ここまで、「おいしい」言い過ぎちゃうか、我々は「味ばか」になったんちゃうか、という感慨に端を発して、「おいしい」「うまい」とは何か、「おいしい」とはどういうことかを縷々《るる》綴《つづ》ってきたわけですが、結論を申し上げれば「プロの料理人は本当にうまいものを作れない」ということになります。

つまり、どんなに優れた料理人でも完璧には至らない。言うて八〇パーセント、いや、八〇パーセントにまでもっていくのがプロであり、また、八〇パーセントまでで留めるのがプロ、という言い方もできるかもしれません。

料理人の矜持《きょうじ》としては、「八〇パーセントおいしかったら、それでいい」。

一〇〇パーセントの「おいしさ」に至る、あとの二〇パーセントは料理そのものではない部分ということになりますが、もしかしたらその「何かの二〇パーセント」も含めての総体を「料理」と言うのかもしれません。「菊乃井の〝料理〟はうまかった」というのは、多分にそういうことなのでしょう。

完璧においしいものというのは、「それを食べる人がどういう生活をしていて、いまどういう精神状態で、どれくらいおなかがすいていて、ということが完璧にわかっていた」としても、作れない。なぜか。それは他人だから。

料理屋というのは、そういう「他人」を相手にしているということです。

では、「自分」が相手なら作れるのか、と言えば、これがそうはいかない。自分のことほどわからないものはないんです。

ですから、他人も自分も含めて「みんな」がいつでも「これくらいでええやろ」「これやったらまあまあいけるわな」「なかなかやるやないか」というところを、プロは「おいしさ」の目途《めど》にしています。この「みんな」「これくらい」「まあまあ」「なかなか」というのも曖昧《あいまい》なキーワードではありますが、実は「いつでも」の部分こそが、プロの「腕の見せどころ」だということも申し上げておきたいと思います。

いずれにせよ、それくらい「おいしい」「うまい」はファジーなもの。人間もファジー、素材もファジー、作る方もファジーですから、針の穴に糸を通すようなことはできないんですね。そのファジーななかでどうやってそれを調和させていくかということが料理。そういうことではないでしょうか。

「おいしい」はファジーの世界

「ファジーのなかの調和」、言葉を換えれば「総合力」ということになろうかと思いますが、悪いように言うなら「いろいろなごまかしの手練手管」。

作る方としては「臨機応変な対応力」と言ってもらってもいいんですが、受け止める方にも立ち位置によってさまざまな受け止め方がある。

同じ料理を出しても、ある人は「村田はヨーロッパの影響を受けとるな」と思い、またある人は「これは菊乃井にずっと伝わっているような伝統的な手法だな」と思い、こっちの人は「彼の技術の高さを示している料理だな」と思う。

こういうようなことはよくある話なんです。ですから、「村田、さすがやな」と言われても、何がさすがなんかわからへん。

「さすが」にもいろいろな「さすが」があって、その人なりの解釈、その人なりの思いがあるわけです。

結局、料理は、小説みたいに起承転結がはっきりしていて、これがこうでこうなるというものでもなくて、どちらかと言えば音楽に近いように私は思っています。たとえばうちの四歳の孫が静かな悲しい曲を聴くと、「この曲はやめて、悲しくなるから」と言うんですが、料理もそれぐらいの「感じ」しか伝えることはできないのではないか。あるいは、それぐらいの「感じ」を伝えることができれば、料理人としては「もって瞑《めい》すべし」というところではないのか。そんなふうに考えています。

ファジーにものを伝えて、ファジーにものを受け取って、何を感動しているかわからへんけれども、ファジーに感動したり、感動していることを喜んだり……、人間というのはそういうものでしょうね。

何かを食べて、「さすがだな」と思う。そして、いろいろな「さすが」がある。しかしながら、たとえば「この芋はうまいこと炊いてある。さすがや」とか「この吸い物の味は絶品や。さすがや」とか、いちいち、そんな「さすが」はないだろうということ。

そうではなくて、「全体として、この値段でこれやったらさすがやな」というぐらいの、「この空間でこういうサービスでこれやったら納得や」というようなものではないでしょうか。食べるというのはそういうものやないかな、と思っています。

一口食べて「うまい！」って、それはあんた、肝心なことがわかってないやろという話です。

全部食べ終わって、お箸を置いて、そうしてお茶を一服いただいて、ああおいしかったね、というのが、筋のいい「おいしかった」でしょうね。

まあ、先の「残心」に通じるような話ですけれど、さすがに、なかなか「三日後に」とはいかないかもしれません。

第八章

料亭、料理屋はハッピーハウスである

「いい商売」の「ハッピーハウス」

前章で「料理はファジーである」というような話をしましたが、ファジーの意味を国民的国語辞典である「広辞苑」で確認してみると、「人間の知覚・感情・判断に伴う曖昧さ」と書いてあります。ですから、判断基準としては「まあまあ」を一つのレベルとしておこうか、というのは、あながち間違いではないと思います。

ただ、結果の確約はない世界ですから、これを出せば必ず「まあまあ」の結果が得られるというのは、自分の感覚を信じるしかありません。

自分がうまいと思うものを、自分がきれいだと思う皿に盛って、言わば勝手に「うちは二万円です」と言っている商売に対して、何が出てくるかわからへんのに、ただ単に信頼関係だけで店に入ってくれるお客さん……。

料理二万円と言われても、それだけのものがほんまに出てくるのかどうかを誰も不安にならない世界。そこそこのものが、ちゃんと出てくるやろうと思って座って、お金払って、おいしかったわ、ありがとうと言って帰ってくれるお客さん。

お金をいただいて、「ありがとう」まで言ってもらって、何と私たちはハッピーな仕事をしているのだろうかと思います。

視点を変えてみれば、料亭や料理屋というのは、ある程度ハッピーな人ばかり来てくれるところなんですね。一方、たとえて申し訳ないのですが、お医者さんのところに来るのは病人か、けが人ばかり。弁護士さんのところに来るのは揉《も》め事の当事者ばかり。料理屋には病気や体調が悪い人は来ないでしょうし、悩みやトラブルで頭を抱えている人も、まあ来ない。決定的にお金がないというような人も来ない。

少なくとも、そこそこ幸せで、「それくらいのお金」ならば払って、おいしいものを食べて、幸せになりたいなという人が「お客さん」として来てくれる。

これを「いい商売」と言わないわけにはいかないでしょう。

言ってみれば、料亭や料理屋は「ハッピーハウス」であると私は思っています。

親父もおじいさんも、みんな大事な師匠

人がそれだけハッピーだと思ったり、幸せだと感じたりする、そういう世界を提供し続けるというのは、私たちにとって、かなり「消耗」することでもあります。それでも、料理人は幸せではある、というのは間違いありません。

ただ、お客さんを幸せにするために、料理人はより多くのエネルギーを使わないといけないのは事実です。お医者さんは患者さんを治すために相当な勉強も、相当な苦労もするわけですが、それは料理人も同じです。

「ハッピーハウス」を維持する責任感と言ってもいいかもしれません。ですから、料理人の奥さんというのは、あんまりハッピーではないかもしれませんね。

なすびを見つめ、キュウリを触ってうーんと言ったり、目をつむったり、「この人、何考えているのやろ?」と思うてる。

暇があったら本を読んで、いつも何か考えているし、いつも難しい顔をして、楽しそうにしていることはあまりない。お客さんと接して、お客さんが「おいしかった

よ」とか言って喜んでくれた時だけが、ちょっと「にこっ」とハッピーな感じになるぐらいで、あとは料亭、料理屋の主人としていつも難しい顔をして、厨房に立っている……。

うちの親父はそんな人でしたね。

朝から晩まで立っていて、昼飯も立って食べながらみたいな感じの親父に対して、うちのおじいさんは、「お前は何をやってるんや」と言って、よく怒っていたのを思い出します。

おじいさんが「お前の仕事はそんなこと違いますよ」と言うと、親父は「何を言うとんねん、わしがやらんとどうすんねん」と反発してましたけれど。

ちょうど日本の戦後から高度成長期にかけての難しい時期だったと思いますが、おじいさんはいつも私にこんなことを言っていました。

「お前の父ちゃんはな、真面目やからずっと下向いて仕事しているけど、あれやと向こうから〝金儲けさん〟が歩いてきはってもわからんやろ。〝金儲けさん〟ちょっとお酒を飲んでいきませんか、ほな上がっていきましょか、そんなやりとりができきんやろ。そやから、そないに仕事ばっかりして下向いてないで、顔を上げておかないとあかん」

親父は典型的な職人肌で、石橋を叩いてまだ渡らんみたいな人でしたが、おじいさんは真逆で、八方破れなタイプ。私は、このおじいさんのお気に入りの「跡取り孫」でした。

そして、おじいさんが言うところの「金儲けさん」は「ハッピーなお客さん」のこと。そういうお客さんとのやりとりで「ハッピーハウス」としての料亭「菊乃井」はやってるんやで、と教えてくれたんやと思います。

振り返れば、天龍寺の平田精耕老師も、美山荘の中東吉次さん、瓢亭一四代目の髙橋英一さんも師匠、そして親父もおじいさんも、皆さん、私の大事な師匠やと思っています。

商売は「相身互い」、お互いにハッピーや

おじいさんには、本当にいろんなことを教えてもらいました。

たとえば古美術商が掛け軸をたくさん持ってくる。おじいさんは座敷に座って「そ

れじゃ、これ掛けてみて」とか「こっちはどうや」とかやりとりしている。私もおじいさんの膝の上にのって「まあまあやな」とか「これ、ええなあ」とか、小癪《こしゃく》なことを言う。

そうして、最後に残った何本かの掛け軸を前に、最後のやりとりが始まります。

「○○でどうでしょう」

「いやいや、▽▽くらいにしとけよ」

「うわっ、それは無理ですわ、大将」

「そんな高いもんは要らんから、持って帰って」

古美術商が首傾げながら帰った後、私が「あれ、買うつもりだったんやないの?」と訊くと、おじいさんは「もうちょっと待っててみ。わしが言うた値段で戻ってきよるから」と言う。そして……、そのようになるわけです。おじいさんは「ほらな」と笑っている。

最初から「欲しい」という態度を見せると、向こうが「それじゃ、ちょっと勉強させてもらって、××ほど引いておきます」という感じで、向こう主導の値段の上に恩まで売られる。こっちが「本来、要らんもんやけど」というスタンスを維持すれば、こちら主導で恩を売る側になる。

でも、そういうことばかりではなく、向こうの言い値で「それでええわ。置いていって」ということもある。なぜ値切らないのか訊くと、こういう答えが返ってきました。

「あいつの小遣いやと思って、たまには言い値で買ってやってこその商売や。〃相身互い〃や。そうやないと商売はできへん」

出入りの業者さんとも、お互いにハッピーでいきましょう。そこから信頼関係も生まれるし、お互いの商売も長続きする。そういうことを教えてもらいました。

それと、本当に良いものはきちんと評価をする。本当に良いものを、あれこれ値切っていたら信頼関係が損なわれます。逆も同じで、業者が横着なことをしたら厳しい対応を取る。そうしないと本当の信頼関係、ハッピーな関係は築けません。

そのために、こちらも「ホンモノを見る目」「良いものと悪いものをきちんと見定められる目」を養う必要がある。これは、もちろんのことです。

あの大将のところへ持って行ったら、「良いものは良い」ときちんと評価してくれる。業者さんがそう思ってくれることは、そのままお客さんが「あの店に行けば大丈夫や」と思ってくれることに通じています。弟子たちには、そのことの大切さをわかってもらいたい。

ごまかし、手抜きはあかん

私は、私と弟子たちの関係もハッピーじゃないといけないと思っています。

店の者が失敗するのは、しょうがないんです。はじめてすることの大概は失敗します。

失敗は何とかなるんです。そのために先輩や兄弟子、私がいるわけです。今度から気をつけてしっかりやれ。今度は失敗しないようにこうしろと、教育的指導をします。

でも、その失敗、しくじりを隠すのはあかん。ごまかしたりするのも、あかん。料理屋は、ごまかそうとしたら、なんぼでもごまかせます。ひと手間抜いても見た目はわかりません。

結局、ごまかしてもばれなければいいや、手を抜いても気づかれなければいいや、こういうことを覚えると、ろくなものになりません。ですから、そういう時は徹底的に怒ります。

あかんことをした時にしっかり叱責しないでいい加減な対応をすると、すぐにいい加減なことをし始める。「どこへ行ってたんや」「トイレです」と言って、トイレに三〇分もかかるか、という話です。

悪い癖がつくと、直すのにも時間がかかる。それは「マイナスの時間」です。ですから、怒り方にも工夫が必要かもしれませんが、怒られる側にも「怒られ方」というものがある。「上手な怒られ方は、世の中を生きていくうえで絶対必要なことやで」とよく言っています。

いまは「一人っ子」の時代ですから、仕事でも何でも「一番下のスタッフ」から始めるということに慣れてないかもしれませんし、怒られる、叱られるということも体験していないかもしれません。

でも、「やったらあかんこと」をやってしまった時の叱責はまっすぐに受け止めてほしい。自分がやってしまったことに真剣に向き合ってほしい。そう思っています。そうすれば、師匠と弟子のハッピーな関係が必ず築けるはずです。

先に大概、誰でもはじめは失敗するもんや、という話をしましたが、逆に「最初から天才だと思う料理人はいますか」と訊かれることもあります。多分、皆さん、天才と言うとあの「オオタニさん」の素晴らしい結果からそういうことを連想するのかもしれませんが、料理の世界は野球のホームランとか三振のようにはっきりと結果が出るわけではありません。

また、私は、大谷翔平ははじめから天才であったわけではない、と思っています。彼はあの体と技を得るためにどれだけ努力しているか。二刀流であれだけの数の試合に出ていること自体が、彼の努力の成果以外の何物でもない。誰もが彼は天才やと言うけれども、天才というのは、そのような努力ができるマインドを持った人を言うのだと思っています。

前提としてある程度の身体能力はありますが、その人が何かに目覚めて一層努力すれば、後世に長く伝えられるような大きな仕事ができる。大抵の人は頭脳も含めた身体能力を精いっぱい使って、一つの環境のなかで人一倍努力したら何とかひとかどのものになる、そういうことではないでしょうか。

「ワーカー」を育てているわけではない

同じく「才能系」の話で、よく「包丁さばきがどうだこうだ」と言われますが、あんなものはどうでもええんですよ。誰でも練習すれば自転車に乗れるようになるのと同じ。一か月で乗れる人、三か月かかる人、いろいろですけれど自転車には誰でも乗れるようになる。

それよりも、何のために自転車に乗ってどこへ行くのか、何のためにどういうところに行きたいのかということの方が重要なんです。

京都の場合、「鱧の骨切り」が素晴らしいとかよく言われますが、あんなものは誰でもできます。「いい鱧」と「よく切れる専用包丁」があればいいんです。

魚屋さんは毎日何百匹も魚をさばく作業をしますけれども、料理人がさばいた魚の方がきれいにさばけている。それは、料理人は魚の骨と肉の構造を考えながら料理をするからです。それは、作業ではなく料理である、包丁さばきも料理である、ということです。

いずれにしろ、それも練習次第です。やる気次第です。

ミシュランの三つ星シェフで「前衛的なフランス料理」で知られるピエール・ガルニェール。彼の料理にはレシピがない。感覚だけでものを作る人。言ってみれば、モダンアート。ですから、モダンアートのアーティストのような料理人です。

彼などは「もういっぺん同じ料理を作れ」と言ってもできないような人ですから、

フレンチに日本の調味料、味噌を入れたり、梅干しを入れたり、ライブで一つの料理を作り上げていく。

そのピエールが「菊乃井」にスタディに来て、うちの厨房で「鱧料理」をやった。その時に、彼は左利きなのに右利き用の「鱧の骨切り包丁」で「鱧の骨切り」をやった。きっとサボテンみたいな鱧になっているやろな、あんなもの食えるかというようなことをやっているやろと思っていましたけれども、食べたらちゃんとおいしかった。ちゃんと「鱧の料理」になっていました。さすが、です。

やる気があれば何でもできる。でも、そうはいかない子もいます。うちに来ても「ちょっと無理やな」という子もいます。その「無理やな」のなかで、一番いけないのは心の問題。先の「叱られ方」でも言いましたが、正直さ、謙虚さがない子、自分を良く見せたいためにものをごまかす子、嘘つきの子、そういう子はなかなか難しい。

つまり、自分の将来の夢とか自分の思いというものもごまかしてしまうんですね。そして、そういうところも料理に表れますから、ごまかしの料理、手抜きの料理しか作れない。結局、そういう子は「ワーカー」にしかなれない。

「菊乃井の出身者は料理長か独立者ばかりですね」と言われますけれど、それは「うちはワーカーを育てているわけではない。レシピを見ながら仕事をするのではなく、レシピを作る方の人間になれ」ということでやっているからだと思います。

次のリーダーを作るというのも私の大きな使命の一つやと考えていますので、実際「ミシュランの星一つくらいは、早《はよ》う取らんかい」と叱咤激励しています。

また、これからの時代、日本料理の世界にも女性のリーダーが現れて当然やと思っていますし、うちのスタッフにも女性がもっと増えてほしい。もちろん、託児所も用意しますよ。

「心の栄養」も「体の栄養」も

「ハレとケ」という考え方があります。「ハレ」は漢字で書けば「晴」で、晴れ着などというように「普段とは違う、特別に改まった」という意味。「ケ」は漢字で書けば「褻《け》」で、「日常」とか「普段」のこと。そういう意味では、料亭の作っている料理は「ハレ」の料理ということになるでしょう。

一方、「ケ」の方は、「おふくろ味」「おばあちゃんの味」「おばんざい」「ふるさとの味」「滋味」とか言われる料理の分野ということになるでしょうか。「ふるさとの味」や「滋味」はまさに「地味」で、飛び上がるほどおいしい、うまいというわけではないけれど、食べた時に何となくほっこりする。ものの味そのものが体のなかに沁みいる、そんなおいしさ。

「おふくろの味」というのは、「心の栄養」ですね。その味噌汁を飲んだ時のシチュエーション、生まれた家の古くさい畳の匂いとかも込みで、母親の味噌汁の味そのものを覚えているわけではない。

味の要素として、そうした「ほっこり」とか「心の栄養」という部分はとても大事なことやと思います。ただ、基本的に過去は美化されますから、「あの頃に食べたもの」はどんどん美しく頭のなかで膨らんで、とろけるようにうまかったということになる。そして、それらは「心」とか「頭」の話ですから、「体の栄養」とはあまり関係がない。

一方、私らは「体の栄養」も充分考えた「ハレ」の料理を作っていますが、年中「ハレ」ではちょっとしんどい。年中はあり得ない。この頃、金持ちの若い人らは年中「ハレ」の料理を食べていますけれども、「過ぎたるは及ばざるがごとし」で、病気になりますよ。

やっぱり、「ハレ」と「ケ」はある程度はっきりと分かれている方がいい。そのうえで、どっちがうまいかと言われると、どっちもうまい。

おばあちゃん炊いてくれた芋の煮っころがしもおいしいし、料理屋の真っ白けに炊いた芋もおいしい。どっちがおいしいねんとかいうものではなくて、それは別のものやろうという考え方でいい。

結局、食べ物にはそれぞれ、その時その時の「思い出」とか、「強烈な印象」とかがからまっていて、それを食べるとそこにトリップしますよね。海の近くへ行ったり、ハスの花が咲いている池のそばに行ったり、いろいろなところにトリップする。トリップすることができる。食べ物、料理というものはそういうものです。

私ら料亭、料理屋の料理というのは、そういうふうに、食べた人がいろいろなところにトリップできるような、そういう思い出につながるような料理を提供しようとしているわけです。料亭は「ハッピーハウス」であり「大人のアミューズメントパーク」であると私が常々言っているのも、そういう考えが基本にあるからです。「菊乃井の料理」が提供する「心の栄養」と「体の栄養」を存分に楽しんでいただければ幸甚です。

料理はメッセージです

最後に、私が手がけた店のなかで一番新しい「菊乃井 無碍山房《むげさんぼう》（サロン・ド・ムゲ）」について、ちょっと話をしておきたいと思います。

「菊乃井」の味をより多くの方々に知っていただきたいと思って開いた本店そばの小さな店ですが、幸いにして「ミシュランガイド京都・大阪２０２１・２０２３ビブグルマン」に「非日常的な空間で気軽にお弁当と喫茶を味わえる店」として、星一つをいただきました。

店名の「無碍山房」の「無碍」は、「融通無碍」の「無碍」。仏教用語で「とらわれがなく、自由自在なこと。障害のないこと」。

私はおじいさんに連れられて歩いた子どもの頃から古美術店巡りが大好き。この店の「店名」をどうしようかな、と考えていた時に、ちょうどなじみの古美術店で「無碍山房」の書を見つけました。いい書です。落款は「中川一政《なかがわかずまさ》」。「これは、出会いや」と思いました。

古美術店に訊くと、「絵ならとんでもなく高くなりますけど、書ですからこれくらいで」と言うので、即「それなら、持って帰るわ」と応じて、店の言い値で買いました。実は、信じられないほどの値段。まさに、ありがたい「出会い」でした。

書の先生に見てもらうと、「この小さなスペースに中川一政とフルネームで書くのはよっぽどやで。普通は一政と名前だけ書くか、中川と書いて一政の印を押すか、どっちかやが、これは中川一政と書いて押印してある。よほど気に入ってたんやな」とのこと。

多分、「無碍山房」は中川先生のアトリエか書斎の庵号で、扁額にしたものの下書きかと思われますが、画伯が亡くなって、額装もしていない書だったので古美術店に出たのだろうと思われます。新しい店がほぼでき上がって、さて店名をと思っていた時にたまたま古美術店で見つけた、出会ったというのは、おじいさんの引き合わせかもしれません。この中川先生の「無碍山房」の書自体も、そして意味も、その時の私の気持ちにぴったりで、すぐ店名はこれや、額装して店に飾ろう、と決めました。

そこで建築をお願いした中村工務店の先代さんに報告すると「無碍山房て、けったいな名前の喫茶店やな」と笑いながら、「山房というのやから、ちょっと山小屋風にしよか」と言って、ほぼでき上がっていたのを変更して、天井を斜めにしてくれたのでした。

「お弁当と喫茶の店」で、お昼のお弁当で五〇〇〇円（税抜き価格）。若い人ならばちょっと張りこんだという感覚かもしれません。でも、「五〇〇〇円でこれだけのものが食べられた。パスタ食べようかと思っていたけどこっちでよかったわ」と感じてもらえたら、そこに料亭への誘《いざな》いがある、料亭につながる道があると思っています。

料亭はハードルが高いと言われます。たしかに、高いかもしれませんが、それは「それなりのもの」があるからです。ですから、無理やりハードルを低くすることはできません。ただ、ハードルを低くするわけにいかんのやったら、そこへ誘うところを作っていかないといかんということで、「無碍山房」で「菊乃井のお弁当」をやっているわけです。

料亭の「それなり」は、庭や部屋、もてなしなど、さまざまな要素ででき上がっているのですが、それぞれが一つの「メッセージ」になっています。「ここはリラックスしてくださいね」とか、ほろ酔いかもしれませんが「ちょっとシャンとしてくださいね」というメッセージ。

でも、それはよくわからなくてもいい。感じてもらえればいいんです。何かわからんけど、ここにいたら気持ちがいいな、という感じ。日本文化は、このフィーリングが非常に重要で、そのフィーリングは料亭側の「気遣い」が生み出すもの、というのが私の考えです。

そして、そうした料亭の「それなり」や「メッセージ」を象徴するのは、やっぱり「料理」です。「無碍山房」のお弁当には、料亭「菊乃井」のさまざまな「メッセージ」が込められています。ぜひ召し上がっていただいて、その「メッセージ」を感じていただければ、うれしく存じます。

皆さんのお越しをお待ちしております。

追　伸

私は、日本の料理の分野では歴代二人目の「文化功労者」であり、「黄綬褒章」もいただきました。これも多くの仲間と共に務めた「和食」を「ユネスコの無形文化遺産」に登録するための運動のなかで、日本料理が日本の「文化」の一分野であると、文化庁に認められたからこそだと思っています。

この他にも、皆さんのおかげで、身に余る〝ご褒美〟をいただいています。

しかし、私が在学していた一九七〇年頃の大学は学生運動が熱を帯びていた時期で、その頃のキャンパスの空気を吸った者としましては「勲章などというものは要らんねん」という思いがずっと心の底にありました。

ですから、「文化功労者」のお話も受けるかどうか迷っていたのですが、ちょっと相談した方に「あとの人たちことを考えろ」と言われて、それもそうや、と思った次第です。

本書の第八章で「菊乃井はワーカーを作っているんじゃない。次の時代のリーダーを育てているんだ」というようなことを申し上げました。

そうならば、村田がいただいた幾つかの〝ご褒美〟が、次の時代を担ってくれる人たちへの「一里塚」になればいいかなと、そんなふうに思えてきたわけです。

プロの料理人という職業は、人々を幸せにできる仕事です。

その仕事を全うするためには、食を通して社会に貢献するという思い、覚悟が必要です。その覚悟こそが先輩の料理人から受け継いできた心意気です。


世界中に立派な哲学や美学があるのと同様に、日本には武士道や能をはじめとする芸道、茶道や華道、香道といった深遠な哲学、美学を持った「道」があります。

私たちの料理の道も、「料理道」というほど大層なことにしなくてもいいとは思いますが、少なくともそうした哲学や美学の伝統を学び、研鑽《けんさん》を続けてきた先輩料理人の方々の心、精神を引き継いでいかなければならないと考えています。

またそのことは、これから私たちが後進を育てていくときの大きな指針となるはずです。

そして、当然のことながら、料理は常に新しくなる。人も新しくなる。

もちろん、食材も新しくなる。

私は今、日本中の海で海藻を育てるプロジェクトに本気で取り組んでいます。

ただ、そうした中で、冒頭でも申し上げましたように、何でもかんでも「おいしい」という日本の現況はいかがなものか、これは放っておいたらいかんのやないか、という私の「心配」が本書につながりました。

つまり、今の日本は、食文化だけでなく、あらゆる分野で「基盤となる哲学・美学」が崩壊しかけているのではないか、という「心配」です。

簡単に言えば、「襟を正せ」です。

パリのレストランで「ドレスコード」が合わなくて追い返された話を紹介しましたが、なんでも「略式」、「それでええわ」というわけにはいきません。

親の葬式に黒のネクタイもせずに来る息子は、単なる阿呆やということです。


本書ではここまで、私の勝手を申し上げてきたかもしれません。

しかしそれは、この時点で私が言っておきたかった「肝心なこと」であることに間違いありません。

つまり、私たちは、食文化として後世に「何を伝えていかなければならないのか」を考える必要があるということです。そのための全八章です。

最後に、本書の刊行にご尽力いただいた集英社学芸編集部の佐藤絵利編集長と、全八章をまとめていただいた谷村鯛夢さん、加藤真理さんに感謝の意を表して、さて、ここらでちょっと、「お茶にしましょうか」。

二〇二四年　秋

菊乃井本店にて

村田吉弘

村田吉弘《むらたよしひろ》

一九五一年京都で生まれる。立命館大学在学中にフランス料理研究のため渡仏。半年後帰国。大学を卒業後、日本料理の道に進むため、名古屋の料亭「か茂免」で三年間修業を積む。京都に戻り「菊乃井 木屋町店(現・「露庵　菊乃井」)を開店。一九九三年、父親のあとを継いで「菊乃井」三代目主人になる。首都圏の高島屋各店に「菊乃井」売り場を開設したのち、二〇〇四年に「赤坂　菊乃井」を開店。二〇〇七年に創刊された『ミシュランガイド東京』で「赤坂　菊乃井」が二つ星を獲得、現在にいたるまで二つ星獲得を続けている。二〇〇九年に創刊された『ミシュランガイド京都・大阪』では京都本店が三つ星、「露庵　菊乃井」が二つ星を獲得。現在まで京都、東京併せて七つの星を獲得し続けている。

またシンガポール航空の機内食「花ごよみ」をプロデュースし、提供している。

二〇一七年にはお弁当や甘味を提供する「無碍山房」を開店。

「日本料理を正しく世界に発信する」「公利のために料理を創る」を信条とし、海外での日本料理の普及活動、地域の食育活動など、料理人の育成、地位向上のために精力的に活動を行っている。料理や日本人の食習慣だけでなく、絵画、器、茶、建築など日本文化への造詣も深い。和食を重要な日本文化の一つと考え、後世に伝えつなぐことをライフワークとしている。二〇一三年の「和食　日本人の伝統的な食文化」のユネスコ無形文化遺産登録、及び二〇二一年の「京料理」の国の登録無形文化財への登録に尽力。それに先立って設立した「特定非営利活動法人　日本料理アカデミー」を通じ、コツや勘にたよりがちな和食の調理法を料理人、科学者双方の視点から科学的、定量的に考察し、研究を続けている。

二〇一二年「現代の名工」「京都府産業功労者」、二〇一三年「京都府文化功労賞」、二〇一四年「地域文化功労者（芸術文化）」、二〇一七年「文化庁長官表彰」を受賞、二〇一八年「黄綬褒章」を受章、同年、「文化功労者」に選出される。

著書に『割合で覚える和の基本』『割合で覚える野菜の和食』（ＮＨＫ出版）、『菊乃井――風花雪月』（講談社インターナショナル）、『京料理の福袋――料亭「菊乃井」主人が語る料理人の胸の内』（小学館文庫）、『ホントは知らない日本料理の常識・非常識――マナー、器、サービス、経営、周辺文化のこと、etc.』（柴田書店）、『京のおかず――四季のかんたんレシピ１２４』（阪急コミュニケーションズ）、『京都料亭の味わい方』（光文社新書）、『和食のこころ　菊乃井・村田吉弘の〈和食世界遺産〉』（世界文化社）ほか多数。

ほんまに「おいしい」って何《なん》やろ？

二〇二四年九月三〇日　第一刷発行
二〇二五年四月一二日　第四刷発行

著者　村《むら》田《た》吉《よし》弘《ひろ》
発行者　樋口尚也
発行所　株式会社　集英社
〒一〇一－八〇五〇　東京都千代田区一ツ橋二－五－一〇
電話　編集部　〇三－三二三〇－六一四一
　　　読者係　〇三－三二三〇－六〇八〇
　　　販売部　〇三－三二三〇－六三九三（書店専用）
印刷所　TOPPANクロレ株式会社
製本所　株式会社ブックアート

ISBN978-4-08-781759-1 C0095